호의에 대하여

## 호의에 대하여: 무엇이 우리를 살아가게 하는가

1판 1쇄 발행 2025. 8. 28.
1판 23쇄 발행 2025. 10. 5.

지은이 문형배

발행인 박강휘
편집 심성미 | 디자인 유상현 | 마케팅 정성준 | 홍보 이한솔·강원모
발행처 김영사
등록 1979년 5월 17일(제406-2003-036호)
주소 경기도 파주시 문발로 197(문발동) 우편번호 10881
전화 마케팅부 031)955-3100, 편집부 031)955-3200 | 팩스 031)955-3111

저작권자 ⓒ 문형배, 2025
이 책은 저작권법에 의해 보호를 받는 저작물이므로
저자와 출판사의 허락 없이 내용의 일부를 인용하거나 발췌하는 것을 금합니다.

값은 뒤표지에 있습니다.
ISBN 979-11-7332-302-7 03810

홈페이지 www.gimmyoung.com   블로그 blog.naver.com/gybook
인스타그램 instagram.com/gimmyoung  이메일 bestbook@gimmyoung.com

좋은 독자가 좋은 책을 만듭니다.
김영사는 독자 여러분의 의견에 항상 귀 기울이고 있습니다.

# 호의에 대하여

무엇이 우리를 살아가게 하는가

문형배
에세이

김영사

**일러두기**

1. 이 책은 문형배 작가가 1998년 9월부터 2025년 8월까지 작성해서 2006년 9월부터 개인 블로그에 올린 1,500여 편 중 120편을 선별하여 묶은 것으로, 일부 수정하고 새로운 원고를 덧붙였습니다.
2. 작성 당시의 상황을 그대로 담고자 실제 작성 날짜를 일일이 기재했습니다.
3. 장편소설을 포함한 단행본은 《 》, 중·단편소설, 시, 신문, 잡지, 노래, 영화 등은 〈 〉로 표기했습니다.
4. 인명, 지명 등의 외래어는 국립국어원 외래어표기법에 맞춰 표기하되 몇몇 경우는 관용적 표현을 따랐습니다.

여는 말
---

"이 사회는 평범한 사람들이 지탱하는 것이다." 김장하 선생의 말씀은 제가 공직 생활을 하는 동안 지침이 되었습니다. 2025년 4월 19일, 저는 38년의 공직 생활을 끝내고 시민의 한 사람으로 돌아왔습니다.

돌이켜보면, 저에게 재판권을 위임한 사람도 재판을 받은 사람도 대부분 평범한 사람들이었습니다. 저는 좋은 재판을 하기 위하여 시민들과 소통하였고 책을 읽었습니다. 공자의 말씀처럼, 배우고 생각하지 않으면 미망에 빠지기 쉽고, 생각하고 배우지 않으면 독단에 빠지기 쉽기 때문입니다. 그리고 배운 바를, 생각한 바를 글로 썼습니다. 요구하기 위해 쓴 글도 있고 성찰하기 위해 쓴 글도 있습니다.

이제 무직이 되어 여유가 생겼으므로 인생과 함께 글을 한번 정리해보고 싶었습니다. 우선 그동안 썼던 글들을 다시 읽고, 여러분과 공유하고 싶은 내용을 골랐습니다. 그렇다고 특별한 내용을 담고 있는 것은 아닙니다. 남의 인생에 조언할 만큼 지혜롭지 않습니다. 다만 제가 판사나 재판관으로 있으면서 생각하였던 바를 여러분에게 말하고 여러분의 의견을 듣고 싶었습니다. 이로써 우리 사이에 대화가 이루어진다면 저의 인생이 풍요로워질 것이고, 어쩌면 여러분의 인생에도 도움이 될지도 모르겠습니다. 왜냐하면 우리는 동시대를 살아가는 대한국민으로서 비슷한 고민을 하니까요.

1부에는 일상에 관한 생각을 담았습니다. 나무 이야기, 특히, 자작나무라는 필명을 사용하게 된 사연을 눈여겨보았으면 합니다. 2부는 독서 일기입니다. 참 많은 책을 읽었습니다만 여러분이 꼭 읽어봤으면 하는 내용을 고르고 골랐습니다. 참으로 어려웠습니다. 3부에는 사법부 게시판에 올렸던 글을 담았습니다. 사법부에 현안이 생겼을 때 썼던 글을 정독하여 주십시오.

  평생 책 한 권 내는 것을 꿈꾸었던 저에게는 이 책의 발간이 큰 의미가 있음이 명백하지만, 여러분께는 어떠한 의미가 있을지 모르겠습니다. 이 책은, 비록 성공하지 못했지만 평균인의 삶에서 벗어나지 않고자 애썼던 어느 판사의 기록입니다. 호의를 갖고 썼던 글을 책으로 내놓습니다. 판사들은 무엇으로 사는가? 판사들은 무슨 책을 읽는가? 궁금한 분들, 특히 저의 생각이 궁금한 분들은 한번 읽어보시면 좋겠습니다.

2025년 8월
문형배

# 차례

여는 말 · 5

## 1 일상은 소중하다    11

누구도 나에게 이 길을 가라 하지 않았다 ▮ 착한 사람을 위한 법 ▮ 무죄 판결 ▮ 납골당을 다녀와서 ▮ 판결 선고 후 ▮ 협상의 법칙, 조정의 법칙 ▮ 사법도 감동을 창조할 수 있다 ▮ 스위스 법원 기행 ▮ 형사 재판 잘 받는 방법들 중 ▮ 판사의 일 ▮ 화이트칼라 범죄 양형 기준 ▮ 좋은 변호사 ▮ 죄인을 다스리는 방법 ▮ 말 대신 계약서 ▮ 증인 출석 ▮ 판사 한기택 ▮ 민사 재판 잘 받는 법 ▮ 상속 포기 ▮ 40대 ▮ 조정과 우산 ▮ 녹차 한 잔의 힘 ▮ 김창완 ▮ 명분과 실리를 나누는 화해 ▮ 조삼모사 ▮ 선순환의 공동체 ▮ 작은 세상이 대안이다 ▮ 이삭의집에서 만난 소년 ▮ 부끄러운 대학 생활 ▮ 자작나무 ▮ 하모니를 보고 ▮ 나이 먹는 일의 기쁨과 슬픔 ▮ 책을 읽는 이유 세 가지 ▮ 블로그 방문객 10만 명을 기록하며 ▮ 취미 세 가지 ▮ 정겨운 세상 만들기 ▮ 병원에서 절감한 비폭력 대화법 ▮ 책을 고르는 기준 ▮ 추도식에 다녀와서 ▮ 홋카이도를 다녀와서 ▮ 왕후박나무 ▮ 망진산을 오르며 ▮ 시외버스를 탈 때 주의할 사항 ▮ 우포늪 반딧불 ▮ 지리산의 일출 ▮ 영축산의 평안 ▮ 안치환 주간 ▮ 코리아를 보고 ▮ 목련 ▮ 생강나무 ▮ 느티나무 ▮ 배롱나무 ▮ 구상나무 ▮ 그 소나무 ▮ 주목 ▮ 증거 재판주의 ▮ 7번 방의 선물을 보고 ▮ 편백나무 ▮ 막말을 자제하는 법 ▮ 조정에 임하는 자세 ▮ 판사는 무엇으로 사는가 ▮ 공무원 생활을 시작할 때 유의할 점 ▮ 모과나무 ▮ 소원을 보고 ▮ 은행나무 ▮ 고로쇠나무 ▮ 녹나무 ▮ 전나무 ▮ 프라하의 48시간 ▮ 박태기나무 ▮ 칠엽수

## 2 일독을 권한다  231

나무야 나무야를 다시 읽고 ▮ 공부의 즐거움을 읽고 ▮ 법의 정신을 다시 읽고 ▮ 변신과 시골 의사를 읽고 ▮ 팡세를 읽고 ▮ 도덕경을 다시 읽고 ▮ 차라투스트라는 이렇게 말했다를 읽고 ▮ 감시와 처벌을 읽고 ▮ 파리의 노트르담을 읽고 ▮ 호밀밭의 파수꾼을 읽고 ▮ 정의란 무엇인가를 읽고 ▮ 자유론을 읽고 ▮ 25시를 읽고 ▮ 에밀을 읽고 ▮ 손자병법을 읽고 ▮ 피로사회를 읽고 ▮ 의무론을 읽고 ▮ 마담 보바리를 읽고 ▮ 난중일기를 읽고 ▮ 이반 일리치의 죽음을 읽고 ▮ 안나 카레니나를 읽고 ▮ 여자의 일생을 읽고 ▮ 재판관의 고민을 읽고 ▮ 베니스의 상인을 읽고 ▮ 허클베리 핀의 모험을 읽고 ▮ 욕망이라는 이름의 전차를 읽고 ▮ 주홍글자를 읽고 ▮ 문학 속의 재판, 재판 속의 문학 ▮ 페스트를 다시 읽고 ▮ 부활을 다시 읽고 ▮ 카라마조프 형제들을 다시 읽고 ▮ 죄와 벌을 또다시 읽고 ▮ 레 미제라블을 다시 읽고 ▮ 전쟁과 평화를 다시 읽고 ▮ 적과 흑을 다시 읽고 ▮ 열린 사회와 그 적들을 읽고

## 3 사회에 바란다  341

형사 사건 재배당과 양형 기준제 ▮ 공판 중심주의와 그 적들 ▮ 변화의 시대에 판사로 사는 방법 ▮ 독립되어 있지 아니하면 사법이 아닙니다 ▮ 솔로몬왕의 판결 ▮ 진주지원장 취임사 ▮ 조정위원 위촉식 인사말 ▮ 진주지원장 이임사 ▮ 부산고등법원 이임사 ▮ 부산가정법원장 취임사 ▮ 부산여성변호사대회 기조강연 ▮ 헌법재판관 후보자 인사 말씀 ▮ 헌법재판소 재판관 취임사 ▮ 헌법재판소 재판관 퇴임사

감사의 말 · 405

# 1 _____ 일상은 소중하다

# 누구도 나에게
# 이 길을 가라 하지 않았다

1998. 9. 1.

　사무실에 안치환의 〈고백〉이라는 노래가 흐르고 있다. "누구도 나에게 이 길을 가라 하지 않았네. 나의 꿈들이 때로는 갈 길을 잃어 이 칙칙한 어둠을 헤맬 때…."

　안치환의 노래를 좋아한다. 막힌 가슴이 탁 트이는 듯한 우렁찬 목소리, 주제에 대하여 정확하게 서술하는 가사, 그가 노래를 하게 된 동기…. 그래서 내 능력이 미치지 못함을 뻔히 알면서도 〈내가 만일〉을 2년째 애창곡으로 삼고 있다(그 노래가 나에게 어울린다는 K 판사의 후원이 있었음은 물론이다).

　1987년 그의 노래 〈솔아 솔아 푸르른 솔아〉를 어떤 이유에서건 많은 사람이 부를 때 나도 그 노래를 꽤 좋아했다. 그 무렵 안치환의 노래와 인연을 맺은 셈이다.

나는 '헌법의 존립을 해하거나 헌정 질서의 파괴를 목적으로 하는 헌정 질서 파괴 범죄에 대한 공소 시효'가 배제되고 있는 동안(1983~1986년) 대학교를 다녔다. 그때 열심히 사법 시험 공부를 하였다. 헌정 질서가 파괴되건 말건, 헌정 질서가 파괴되는 것에 저항권을 행사하건 말건.

그렇다고 20대 초반의 들끓는 피를 가지고 있던 내가 현실을 초월할 수 있었던 것은 아니었다. 학생 운동을 하던 친구가 있었고 당장 도서관 공부를 방해하는 최루탄이 있었다. 나는 판단을 유보하였다. 시험을 끝내놓고도 얼마든지 시간은 있다고.

1986년 2차 시험을 끝내고 그 무렵 유행하던 공장 체험을 해보기로 하였다. 민중의 고통을 체험하지 않은 주장이나 실천은 기득권을 유지하기 위한 것이라거나, 기득권 때문에 민중의 고통을 인식하지 못한다는 생각이 그 당시 널리 퍼져 있었으므로.

나는 내 이름으로 이력서를 쓰고(최종 학력을 속였지만 그것은 무형 위조로서 형사 처벌은 되지 않고 해고 사유는 될 수 있었다. 곧 그만둘 생각이었으므로 그것조차 문제되지 않는다는 법적 판단을 거쳤음은 물론이다) 1986년 8월 5일 서울 구로공단에 있던 진홍주식회사에 입사하였다.

　근무 시간은 여덟 시간, 일당은 3,340원, 하루 종일 전자 제품의 나사를 조였다(당시 최저 임금이 월 10만 원으로 기억되는데 그 금액을 간신히 넘는 수준이었다). 일은 힘들지 않았지만 매우 심심하였다. 하루에 1,500개 정도 나사를 조이고 잠자리에 들면 천장에 나사 구멍이 촘촘하게 뚫려 있는 것처럼 보일 때도 있었다. 나는 9월 9일 퇴사하였고, 월급으로 친구들과 함께 술을 마셨다.

　사법연수원은 참으로 신나는 곳이었다. 월급을 받는다는 게 좋았고, 내가 하고 싶은 공부를 한다는 게 즐거웠다. 연수원 18기는 최초로 학회를 만들어 분야별 모임을 진행했다. 나는 노동법연구회에 참여했다. 많은 학회 중에 노동법연구회가 가장 열심히 활동했던 것 같다.

　연수원 자치회 주최로 사회 봉사를 했던 기억이 난다. 1년 차 연수 과정이 끝나고 휴가 기간 중 무변촌이나 YMCA 같은 시민 단체에 가서 법률 상담을 맡았다. 그 상담을 끝내고 우리는 연수원 자치회 명의로 군 복무 대신에 무변촌 봉사 활동을 하는 방법을 건의했으나(당시 군법무관 정원이 얼마 되지 않아 많은 연수원 수료자가 정훈, 공병 등 기타 병과에서 근무하고 있는 실정이었다) 당국으로부터 아무런 반응이 없다가 내가 정훈장교로 온갖 고생 다 하고 제대하고 나니 공익법무관 제도가 생겨 그 건의가 결과적으로 받아들여졌다. 학회 활동과 봉사 활동은 지금 연수원의 공식 과정에 편입되어 의무적인 것이 되었다고 한다. 구하라, 그러면 언젠가는 누군가는 거두리라.

정훈장교 이야기가 나왔으니 말이지 연수원에서 귀하게 공부하던 버릇이 남아 있던 나로서는 처음에 정훈장교 생활이 못마땅했다. 한 계급밖에 안 높은 대위가 반말하는 것도 기분 나빴고, 동기생인 법무관들은 하지도 않는 위병 근무를 일주일에 한 번씩 하는 것에도 괜히 화가 났다.

1990년 3월 엎친 데 덮친 격으로 몸이 아파 진해병원으로 후송된 일은 나를 슬프게 했다. 병원 생활 6개월 동안 "생활 영역에서 해결되지 않고 있는 문제가 병으로 표출된 것"이라는 인식을 토대로 많은 반성을 하였다(칼 사이몬트 등, 《마음의 의학과 암의 심리치료》).

그 뒤 정훈장교 생활은 정말로 즐거웠다. 많은 장병들과 대화할 수 있다는 게 그렇게 고마운 일인 줄 몰랐다. 지루한 정훈 교육을 재미있게 하려고 유행하던 유머 시리즈 수집차 서울을 왔다 갔다 했던 기억이 새롭고, 법무관으로서 같은 부대에 근무했던 Y 판사의 도움도 잊을 수 없다.

남 앞에서 말도 잘 못하고 노래는 더욱 못했던 내성적인 성격이 정훈장교 생활을 하는 동안 적극적인 성격으로 개조되었다. 내가 올해 5월 2일 법원 체육대회에서 100여 사람을 앞에 두고 판사실 대표로 노래를 부를 줄 그전엔 꿈엔들 상상했으랴.

제대를 앞두고 진로를 결정해야 할 시점이 되었다. 연수원에 다닐 때까지만 하여도 변호사의 길을 가겠다며 여러 사람에게 떠들고 다녔고 뭔가 책임지는 일을 하고 싶었다. 그리고 연수원 시절의 실무 수습 기간을 떠올렸다.

나는 문제 제기가 아니라 문제 해결을 해보고 싶었다. 그리고 법원 실무 수습 기간 중에 본, 업무의 독립성, 절간같이 정돈된 분위기가 마음에 들었다. 마지막으로, 부산지방법원에 가면 향판으로 계속 그곳에 눌러앉을 수 있다는 점이 매우 마음에 들었다. 길지 않은 인생에 수십 번 이사를 했던 나로서는(이삿짐이라야 이불 보따리와 책이 전부였지만) 이젠 대지에 정착하고 싶었다. 나는 결정했다, 부산지방법원의 판사가 되기로.

작년에 모교를 방문했다. 고등학교 3학년 후배들을 격려하는 자리에서 질문을 받았다. "판사 된 것을 후회한 적 있나요?" 그때나 지금이나 곰곰이 생각해보니 판사가 된 것을 단 한 번도 후회해본 적이 없다.

경력 30년 원장님이 초임 판사를 정중하게 예우하는 것을 당연시하는 수평적 인간관계, 개성은 존중되나 철저하게 책임지는 프로페셔널리즘, 싫은 일을 강요하지도 강요당하지도 아니하는 분위기, 왠지 믿음이 가고 정다운 사람들….

이것들이 내 선택이 옳았음을 입증해주었고, 나아가서 다음과 같은 일화는 나를 이곳에서 영원히 떠날 수 없게 만들지도 모른다.

1996년 부산지방법원 동부지원에서 형사 단독을 마치고 1997년 9월경 부산지방법원에서 가사 단독을 맡고 있을 때였다. 50대의 웬 아저씨가 판사실로 쑥 들어와서 나에게 정중하게 인사를 하는 게 아닌가.

무슨 영문인지를 몰라 자리도 권하지 않고 이야기를 들었더니, 그의 아들이 1996년 나한테서 형사 재판을 받는 과정에서 억울함을 풀어 답례를 하고자 찾아왔다며 양주를 선물로 내놓는 게 아닌가(내 자랑이 목적이 아님을 독자들은 이미 눈치챘으리라).

1998년 3월 초에는 부산구치소 기결수의 편지를 받았다. 1996년 나한테서 형을 선고받고 복역 중이고, 1998년

3월 5일 출소할 예정이며, 많은 것을 반성하고 있다고, "판사님을 실망시키지 않는 삶을 살도록 최선을 다해서 노력하겠습니다"라는 내용이었다.

내가 원했고, 내가 생각하는 바대로 결정할 수 있고, 또 내가 한 일에 대하여 책임을 지는 판사. 국민으로부터 의심 어린 눈초리와 못 미더운 시선을 받은 적도 있지만 법원만큼 자연 치유력을 갖고 있는 국가 기관도 드물다고 생각한다.

자존심이 누구보다도 강하면서, "불의가 법을 유린할 때 그건 불법이다. 불의가 법의 이름으로 행해질 때 그건 정의가 아니다"라고 선언하지 못한 과거를 스스로 반성할 줄도 아는 판사들의 법원.

안치환의 노래는 종반부로 치닫고 있다. "누구도 나에게 이 길을 가라 하지 않았네. 누구도 나에게 이 길을 가라 하지 않았네. 길은 먼데 가야 할 길은 더 먼데. 비틀거리는 내 모습에 비웃음 소린 날 찌르고. 어이 가나 길은 먼데."

# 착한 사람을 위한 법

2001. 4. 22.

**법 없이 살 사람**

착한 사람을 일컬어 '법 없이 살 사람'이라고들 한다. 법의 강제 없이도 타인에게 폐를 끼치지 않을 사람이란 뜻이리라. 과연 착한 사람에게 법은 필요 없는 것일까?

**법 없이 살 수 없는 사람**

나는 법이 어떠하다고 정의할 만큼 경력도 풍부하지도 않고 타고난 재주도 없지만, 1983년 법학을 전공한 이래 지금까지 18년을 법과 함께 살아온 경험에 비추어(그런 점에서 나는 법 없이 살 수 없는 사람이다) 착한 사람일수록 법을 알아야 한다고 생각한다.

종종 초등학교 동창 모임에 나가곤 하는데, 거기서 늘 하는 말이 있다. "사건이 터지고 나서 나에게 힘써달라고 전화해봐야 아무 소용 없다. 사건이 터지기 전에 나에게 법을 물어보라." 도대체, 전 재산과 다름없는 300만 원을 전세금으로 걸면서 그 집이 경매 중인 사실도 확인하지 않고 계약하는 사람을 누가 구제해줄 수 있겠는가? 그런 사람들은 대개 사건이 터지고 난 뒤에야, 집주인을 사기죄로 고소했으니 수사 기관에 힘 좀 써서 집주인을 즉시 구속시켜 달라고 법조인에게 전화를 한다.

법에는 두 가지 기능이 있다. 하나는 보장적 기능이다. 일정한 행위를 금지하고 거기에 저촉되지 않으면 자유롭게 행동할 수 있게 해주는 측면이다. 여기서 '법 없이 살 사람'이 빛을 발한다. 다른 하나는 보호적 기능이다. 그러나 법의 이러한 보호적 기능도 경매 절차에서 배당 요구를 하는 임차인이나 노동자에게만 위력을 발휘한다는 사실에 유의하여야 한다. 여기서 '법 없이 살 사람'은 초라하기만 하다.

### 착한 사람부터 법을 알자

판사로서 사건을 처리하다 보면 '착한 사람은 법을 모르고, 법을 아는 사람은 착하지 않은 경우'를 종종 본다. 그런 사건일수록 해결이 어렵고, 착한 사람을 보호하고자 궁리를 해보나 한계가 있게 마련이다. 착한 사람에게 적용되는 법 따로 있고 착하지 않은 사람에게 적용되는 법 따로 있을 수는 없으니까.

그렇다면 정의로운 사회를 만들기 위하여 어떻게 해야 할 것인가? 법을 아는 사람에게 착하기를 요구할 것인가? 불가능은 아니나 어려운 과정을 거쳐야 할 것이다. 남는 방법은 착한 사람이 법을 아는 것이다. 그 길만이 법이 나쁜 사람을 지켜주는 도구 역할을 하지 못하게 하는 지름길이다.

# 무죄 판결

2005. 8. 10.

**이 사건을 바라보는 시각**

빙산의 일각이냐? 유력한 단체장을 흠집 내기 위한 표적 수사냐?

우리는 헌법 제103조 "법관은 헌법과 법률에 의하여 그 양심에 따라 독립하여 심판한다"에 근거하여 심리하고 판결한다.

**쟁점**(이론상 별개)

하나, A가 피고인에게 뇌물을 공여하였는지의 여부.

둘, 피고인이 영득領得의 의사로 뇌물을 받았는지의 여부.

**결론**

몽테스키외의 저서 《법의 정신》에 "이성은 두 사람의 증인을 요구한다"라고 되어 있다. 이 사건에 적용해보면, B는 사망하였고, C는 검찰 진술을 번복하였고, 나머지 것들은 증거 가치가 매우 낮은 것으로서, 결국 일관성 없는 A의 진술만 남는다. A의 진술만으로는 유죄를 인정하기에 부족하다.

헌법 제27조 제4항 "형사 피고인은 유죄의 판결이 확정될 때까지 무죄로 추정된다"와 "열 명의 진범을 놓치는 한이 있더라도 한 명의 억울한 사람을 만들어서는 아니 된다"는 법언도 이와 같은 맥락이다.

이러한 원칙은 사법 시험 문제를 채점하는 기준으로만 적용되는 것이 아니고, 법조 실무를 가르치는 사법연수원의 강의실에서만 강조될 것도 아니며, 바로 이 법정에 적용되어야 한다.

**주문**

피고인은 무죄.

# 납골당을 다녀와서

2005. 10. 24.

하나.

2005년 10월 24일, 한기택 부장님이 안치되어 있는 납골당을 다녀왔습니다. 미리내성지 입구 유무상통마을 실버타운이었습니다. '하늘문'이라는 별도의 건물에 들어서니 261번 납골함에 '한기택 크리스토폴' 글자와 사진 한 장이 있어 그분이 안치되어 있음을 알 수 있었습니다.

특별히 의지하는 종교가 없는지라 순국선열에게 하듯 저는 아내, 아들과 나란히 서서 1분간 묵념하는 형식을 취했습니다. 아내는 한 부장님 사진을 보는 순간 눈물을 흘리기 시작했고, 저는 용케도 잘 참다가 하늘문을 열고 나오는 순간 울음을 터트렸습니다.

둘.

저는 8월 초 한 부장님이 운명하였다는 문자 메시지를 받고도 이런저런 이유로 문상을 가지 못했습니다. 며칠 전 아침 운동을 하러 가다가 갑자기 한 부장님 생각이 나면서 주체할 수 없는 눈물이 쏟아져 내렸습니다. 그것이 자책의 눈물인지 그리움의 눈물인지는 지금도 잘 모르겠습니다. 가을 휴가를 이용하여 가족과 함께 납골당에도 다녀왔습니다.

셋.

한 부장님이 떠나신 지 2개월이 지난 지금 우리법연구회에는 몇 가지 변화가 생겼습니다. 우리법연구회 다수 회원이 지지하는 대법원장이 취임하셨고 우리법연구회 출신 변호사가 대법관에 제청되었으며 이와 관련하여 일부 회원이 탈회하였고 재야 회원도 대거 탈회를 앞두고 있는 상황입니다.

갈피를 잡을 수 없는 상황에서 문득 한 부장님이 살아 계셨더라면 어떻게 하셨을까 싶어 이 글을 쓰게 되었습니다.

"저는, 내가 뭐가 되겠다는 생각을 버리는 순간, 남들이 나를 죽었다고 보건 말건, 진정한 판사로서의 나의 삶이 시작될 것으로 믿습니다."

《우리법연구회 논문집(Ⅱ)》에 실린 한 부장님의 말씀입니다. 우호적으로 변화된 상황에서는 인사와 관련하여 오해를 불러일으킬 수 있는 행동을 더욱더 자제해야 할 것입니다.

(원래 이 부분에 "우리법연구회는 대법원장을 지지하고 법원의 중요 부분을 구성함으로써 주류의 일원으로 편입된 이상, 그토록 비판하던 기존 주류의 잘못된 행태를 되풀이해서는 아니 되겠습니다"라는 문장이 들어 있었습니다. 우리법연구회 출신 판사들이 대법원에 진출해 있는 상황에서 회원들에게 엄중한 윤리 의식이 필요함을 강조하기 위하여 비유법을 동원하였을 뿐, 판사를 주류와 비주류로 편 가르려는 의도로 썼던 것이 아니었으므로, 불필요한 오해를 해소하고자 위와 같이 고칩니다. 양해를 구합니다.)

16세기 퇴계 선생 같은 분도 본인뿐만 아니라 가정 사람들에 대하여 전근 청탁을 엄중히 금했다고 합니다(권오봉, 《퇴계 선생 일대기》).

"내가 목숨 걸고 악착같이 붙들어야 할 것은 그 무엇이 아니라, 법정에 있고 기록에 있는 다른 무엇이라 생각합니다."

《우리법연구회 논문집(Ⅱ)》에 실린 한 부장님의 말씀입니다. 한 부장님의 좌우명이었다는 '목숨 걸고 재판하기'인데, 한 부장님이 갑자기 우리 곁을 떠나시는 바람에 말이 씨가 되어버렸습니다.

이제는 국민이 믿을 수 있을 정도로 법원을 바꿔야 하고 그렇지 못할 때는 우리법연구회도 일정한 책임을 피할 수 없게 되었습니다. 법원을 바꾸는 방법은 '목숨 걸고 재판하기'밖에 없다고 생각합니다. 열정과 지혜와 용기를 모아 재판하고 그 결과에 책임집시다.

"또 하나의 성공 이유를 꼽자면 그들은 주위 사람들로부터 인정받는 사람들이었다."

《우리법연구회 논문집(Ⅱ)》에 실린, 김종훈 선배가 제2차 사법 파동의 성공 원인을 분석한 글입니다. 한 부장님이 제2차 사법 파동의 중심이었음은 이제는 다 아는 사실이고, 그분이 주위 사람들로부터 인정받는 사람이었음은 예나 지금이나 다 아는 사실입니다.

조관행 부장님이 주도하여 지법부장 이상을 상대로, 한 부장님 유족을 위해 모금을 했습니다. 순식간에 1억 원을 모았다는 기사를 보고서 다시 한번 한 부장님의 진면목을 실감했습니다. 우리도 주위 사람들로부터 인정받고 있는지를 성찰해볼 대목입니다.

넷.

저는 2005년 가족 모임에서 마지막으로 한 부장님을 뵈었습니다. 그때 술자리를 같이하면서 한 부장님께 이런 말씀을 드린 적이 있습니다.

"부장님은 고등부장으로 승진하겠다고 판사 생활 하신 게 아니지 않습니까? 오히려 그 반대로 생활하셨는데 오늘날 고등부장이 되셨습니다. 우리 후배들은 그런 한 부장님을 존경하는 것입니다."

에둘렀지만 한 부장님 생전에 한 번이라도 한 부장님을 존경한다고 말씀드린 것이 지금 생각해보면 얼마나 다행인지 모릅니다.

한 부장님의 육신은 사라졌지만 그 정신은 우리 마음속에 영원히 살아 계실 겁니다. 역사 속 인물에게 시간은 아무것도 아닌 것입니다.

# 판결 선고 후

2006. 4. 12.

판결 선고 후 찬반 논란이 뜨거웠습니다. 재판부에서도 의견이 갈려 다수결로 결론이 났던 사건입니다. 그래서 법정에서 선고할 때 다음과 같은 설명을 곁들였습니다.

**유족 호명**
고인의 명복을 빌고 유족에게 위로의 말씀을 드립니다. 특히 피해자가 사망한 이후 이 재판까지 피고인 및 피고인을 지지하는 사람들의 행동으로 인하여 유족이 느꼈을 모욕감에 공감합니다.
피고인 측에서 "나는 인간을 죽인 것이 아니라 짐승을 죽였다"라는 취지의 발언을 한 적이 있습니다. 짐승과 인간을 구분하는 권한은 누구에게 있습니까? 누구에게 있다면 그 권한은 누구한테 부여받았습니까? 오만과 편견을 느낍니다.

### 소수 의견

합의 과정에 의견 대립이 있었습니다. 이하에서는 다음과 같은 소수 의견이 있었음을 밝혀둡니다.

20명 이상의 목숨을 빼앗은 유영철에 대하여 적법한 절차에 따른 재판을 거쳐 사형이 확정되었음에도 사형 집행을 허용할 수 없다는 운동이 국회를 비롯하여 사회 각 분야에서 번지고 있습니다.

사형제 폐지 운동이란, 흉악한 살인범에 대하여, 헌법에 따라 법원의 재판을 모두 거쳤음에도 죽이지 못하게 하는 것입니다. 사형제 폐지를 주장하는 사람과, 가정 폭력을 이유로 살인을 한 피고인을 옹호하고 지지하는 사람은 같습니까, 다릅니까?

가정 폭력은 그 자체로 재발 방지를 위한 제도를 마련해야지, 가정 폭력을 이유로 한 살인을 쉽게 정당화해서는 아니 됩니다. 그것은 가정 폭력 방지 대책이 될 수 없습니다. 한 사람의 생명은 지구보다 무겁다는 명제는 가정 폭력을 한 남자에게도 적용되기 때문입니다.

### 주문

법원조직법에 정한 바에 따라 과반수가 될 때까지 피고인에게 유리한 순서대로 의견을 수렴한 결과 다음과 같이 선고합니다.

주문: 징역 3년에 집행 유예 5년, 사회 봉사 240시간 명령.

사회 봉사 내용: 말기 암 환자를 포함한 중병 환자의 개호 활동 240시간의 사회 봉사를 명합니다. 말기 암 환자는 어쩌면 몇 달밖에 남지 않았는데, 그 생명을 놓지 못합니다. 말기 암 환자가 놓지 못하는 그 생명과 가정 폭력을 일삼는 남편의 생명은 다른 것입니까, 같은 것입니까?

# 협상의 법칙, 조정의 법칙

2006. 9. 2.

**세상의 8할은 협상이다, 분쟁 해결의 8할은 조정이다**

허브 코헨이 쓴 《협상의 기술》을 읽었다. 그는 카터와 레이건 대통령 재임 시 테러리스트 상대 협상 자문 역을 맡았다고 한다. 그런 경력자의 조언이라면 조정에 유용하겠다 싶어 책을 구입하였다.

허브 코헨은 세상의 8할이 협상이라고 단언한다. 손해 배상 사건을 전담하는 나는 분쟁 해결의 8할을 조정으로 처리하고자 한다. 지난 9개월간의 손해 배상 사건 5할을 조정으로 처리하였으므로 8할의 목표가 헛된 꿈은 아니리라.

**무엇이 협상을 좌우하는가: 힘, 시간, 정보**

허브 코헨은 협상의 3대 요소를 힘, 시간, 정보라고 본다.

인쇄된 것은 경외성을 갖고 대한다(합법성의 '힘').

카터 미국 대통령이 사다트 이집트 대통령과 베긴 이스라엘 수상 간 평화 협정 체결을 중재할 수 있었던 것은, 캠프 데이비드에 자전거 두 대를 제외한 모든 편의 시설을 치운 다음 두 사람을 초대하여 밤에는 재미없는 영화 세 편 중 하나를 골라 볼 수 있게 하고 낮에는 열 시간 이상의 중재 협상을 13일 동안 되풀이했기 때문이다(끈질김으로 인해 얻는 '힘').

협상은 마감 시간 직전에 이루어지므로 상대방의 마감 시간을 알아낸다('시간').

상대 측의 진정한 한계를 알아낸다('정보').

판례, 통계 자료, 전문 서적, 하다못해 과거에 썼던 판결문을 제시하는 것도 효과적이었다(합법성의 '힘').

고등법원에서 5차 기일에 걸친 설득 끝에 결국 조정을 성립시킨 적이 있다(끈질김으로 인해 얻는 '힘').

분쟁을 빨리 끝내려고 하는 사람에게 양보를 얻어낸다('시간').

형사 기록이나 당사자 주장을 통하여 소송 제기 이전에

당사자가 제시했던 금액을 탐색하고 이를 조정안 작성의 기초로 삼는다. 피고 명의의 재산이 없을 경우 유효한 집행 방안을 강구하고 인용 금액을 낮추는 조정안을 제시한다('정보').

### 무엇을 어떻게 협상할 것인가

허브 코헨은 "위로 갈수록 유리해진다" "자신을 주목하게 하라"라는 원칙을 제시한다. 당사자가 법인인 경우 법인 소속 상급자를 조정 테이블로 이끌어내는 것이 조정 성공의 첩경이다. 교통사고로 외아들을 잃은 부모에게 다소 지루하다 싶을 만큼 위로의 말을 건넴으로써 상황을 인간화한 다음 간단하게 조정안을 제시한다.

# 사법도 감동을
# 창조할 수 있다

2006. 9. 12.

　제가 속한 재판부의 구성원은 열한 명입니다. 소속 재판부가 두 개인데 그중 2심 항소 재판을 담당할 때는 '형사2부'라는 명칭을 사용하고 관대하다는 인상을 주려고 노력하며, 1심 합의 재판을 담당할 때는 '형사3부'라는 명칭을 사용하고 엄정하다는 인상을 주려고 노력합니다.

　구성원은 판사(예비 판사 포함) 네 명, 사무관, 참여관, 실무관 두 명, 법원 경위, 부속실 주임, 속기사, 해서 열한 명입니다. 딱 축구팀 하나를 구성할 수 있을 정도죠. 저는 재판부가 새로이 구성되면, 재판부 운영 방향에 관하여 2쪽 이내 의견서를 작성하여 팀원들에게 나눠주고 의견을 수렴합니다.

가령, 신건 지정 시기, 결심 기록 인계 시기, 증인 소환 방식, 합의 기일 등을 쓰고 끝에 "팀원(직원 포함) 간에는 예의보다는 소통이 중시되어야 한다"라는 주의 문구를 기재합니다. 그리고 실무관, 참여관에게 저와 상의가 필요할 때는 원칙적으로 전화를 하라고 합니다.

몇 달 전의 일이었습니다. 실무관 한 명이 당일 접수된 합의서를 가져오면서 구속 취소를 해야 할 사건이라고 말했습니다. 아니나 다를까 공소 사실이 강간죄이고 합의서가 들어왔으니 구속 취소를 해야 할 사안이었습니다. 이 경우 합의서를 접수하고 공소 사실을 확인한 다음 저에게 구속 취소를 해야 한다고 말할 때까지 판사 역할은 누가 한 것일까요?

저는 간혹 사무관 또는 참여관에게 양형 조사를 해달라고 의뢰합니다. 증인으로 부를 경우 구속 기일이 연장되고 증인 출석도 번거로운 점을 감안해서, 교통사고 등 피해자에게 전화를 걸어 치료 결과, 보상 현황, 처벌 의사 등을 확인해달라는 것입니다. 이렇게 작성된 양형 조사서를 법정에 현출하여 당사자에게 이의를 제기할 수 있는 기회를 줍니다. 양형 조사를 하는 순간 판사 역할은 누가 하는 것일까요?

대한민국 축구 대표팀처럼 개인 기량이 유럽 축구 대표팀보다 떨어지는 경우 결국 팀워크로 개인 기량의 부족을 극복할 수밖에 없다고 생각합니다. 팀워크에는 상호 신뢰가 으뜸이라고 생각합니다.

　작가, 연출, 주연, 조연, 기술 요원이 혼연일체가 되어 감동적인 법정 드라마를 만들어보고 싶습니다. 그래서 사법도 감동을 창조할 수 있다는 신화를 이루어내고 싶습니다. 여러분 생각은 어떻습니까?

# 스위스 법원 기행

2006. 10. 30.

바젤은 스위스, 독일, 프랑스의 국경 지대에 있는 도시로서 그곳은 곧 라인강의 상류 지역이기도 하다.

아침에 박후남 선생의 안내로 바젤고등법원, 바젤민사법원을 견학할 기회가 있었다. 바젤고등법원에는 세 분의 원장이 있는데 그중 선임인 피셔 원장이 스위스 사법 제도를 소개했다.

피셔 원장은 은퇴를 앞둔 고령임에도 선 채로 40분에 걸쳐 바젤법원을 소개해주셨다. 앉으셔서 말씀하시라고 하였더니, 하루 종일 앉아서 근무하니까 서서 이야기하는 것이 좋다고 응답하시며 끝까지 선 채로 말씀하셨다. 그분의 설명은 다음과 같다.

바젤법원은 1901년 설립되었고 1905년부터 행정재판소를 두고 있다.

전임 법관과 겸임 법관이 있다. 전임 법관은 직업 법관이다. 주민의 직접 선거로 선출되고 임기가 정해져 있으며 정당의 추천을 받는다. 겸임 법관은 별도의 직업을 갖고 있으면서 일주일에 하루이틀 법원에 나와서 재판에 관여한다. 소송 관계 서류는 집에서 검토한다. 겸임 법관도 주민 투표로 선출되며 바젤법원에는 여섯 명이 있고, 예비 요원으로 주의회에서 선출된 여덟 명이 있다.

재판부는 1인 재판부에서 5인 재판부까지 있다. 징역 3주 내지 5주에 해당하는 형벌은 1인 재판부에서, 그 이상과 징역 3년 이하는 3인 재판부에서, 살인과 같은 중범죄는 5인 재판부에서 재판을 한다. 5인 재판부는 2인 전임 법관과 3인 겸임 법관으로 구성되고 과반수의 찬성으로 결론을 내린다.

이론적으로 3인 겸임 법관이 2인 전임 법관의 뜻과 다른 결론을 내릴 수 있는 셈인데, 실제로 그런 일은 거의 일어나지 않는다.

피셔 원장의 법정에서 사진 촬영을 마치고 그의 안내로 바젤민사법원으로 이동하였다. 바젤고등법원과 바젤민

사법원은 같은 건물을 사용하고 있었다.

바젤민사법원에서 재판을 참관할 기회가 있었다. 법정은 한국 법정보다 훨씬 작았고, 법대는 한국 법정보다 낮았으며, 법정에서 웃고 떠드는 모습이 엄격한 분위기의 한국 법정과 달라 보였다. 특이한 것은 법원 서기도 대부분 변호사 자격이 있으며, 법대에 법관과 같이 앉고, 조서 정리뿐만 아니라 판결문 작성까지 한다는 점이다. 법원 서기 중에서 법관으로 선출되는 경우도 많다고 하였다.

우리 일행이 참관한 재판은 총 두 건이었다. 한 건은 화해가 성립되었고, 다른 한 건은 피고가 불출석하여 판결 선고까지 이루어졌다.

화해가 성립한 사건에서 피고는 통닭집을 경영하는 사람이고 원고는 임대업자였다. 피고가 냄새를 심하게 피우는 바람에 원고가 세입자들에게 월세를 깎아주었다며 피고에게 그 배상을 구하는 사건이었고, 9,500스위스프랑에 (한국 돈 약 720만 원) 합의가 성립되었다.

재미난 것은 피고 변호사가 돈을 재판장에게 건네주고, 재판장이 돈을 세어본 다음 원고 변호사에게 건네주며, 법원 서기가 볼펜으로 합의 내용을 노트에 적은 다음 변호사들에게 서명을 받음으로써 절차가 종결되었다는 점이다.

다른 한 사건은 월세를 청구한 사건으로, 피고가 불출석하였고, 원고 및 우리 일행을 내보낸 다음에 합의를 하더니, 다시 원고 및 우리 일행이 참석한 상태에서 판결을 선고하였다.

두 사건은 모두 3인 재판부에서 했다. 2인은 전임 법관이고, 1인은 겸임 법관이었다. 재판장은 다른 전임 법관보다 젊어 보였으며, 겸임 법관은 3인 중에서 가장 나이가 들어 보였다.

점심시간이 되어 라인강가에 있는 식당에서 위 재판부 소속 하이얼리 판사와 식사를 하였다. 소고기가 주재료인 양식으로, 가격은 29스위스프랑, 아주 맛있었다.

하이얼리 판사는 사회민주당 당원이고, 고양이를 기르며, 헝가리 출신 아내의 전시회 준비를 도와주고, 이민 2세와 3세를 위한 자원 봉사를 한다고 하였다. 그는 3인 재판부 소속으로 있으면서 별도로 1인 재판부를 구성하였다. 나이는 40대로 보였다.

바젤민사법원에서는 3분의 2 정도가 판결까지 가지 아니하고 조정이나 화해 등으로 처리된다고 하였다. 바젤민사법원에서 가장 비중을 두는 것은 이혼 사건이며 일곱 명의 전임 법관이 근무한다고 하였다.

　식당에서 보는 라인강은 참으로 아름다웠다. 강폭이 좁고 그 양옆으로 고풍스러운 중세 시대의 건물이 늘어서 있어 한 폭의 그림 같았다. 저 멀리 제약 회사의 현대식 고층 건물이 눈에 아주 거슬렸다. 실제로 그 건물을 지을 때 주민 투표를 시행했고 논란 끝에 건축하기로 결정이 났다고 한다. 제약 회사는 바젤대학교를 비롯하여 여러 기관과 단체에 거액의 기부금을 낸다고 한다.

　박후남 선생의 안내로 바젤대학교를 견학했다. 바젤대학교는 볼로냐대학교 다음으로 오래된 대학으로 1400년경 설립되었으며 한 학기 학비는 우리 돈으로 50만 원 정도라고 한다. 대학 건물은 여기저기 흩어져 있었다.

　저녁 식사까지 세 시간의 여유가 있어 잠시 쉬기로 하고 일행과 호텔에 돌아왔는데, 스위스까지 와서 호텔에서 쉰다는 것은 낭비라며 의기투합하여 30분 정도 걸어서 라인강가로 갔다. 산책하는 사람들, 자전거를 타는 사람들로 라인강가는 가벼운 소음을 내고 있었다.

　일행 중 최 판사, 한 계장은 3킬로미터 정도 조깅을 하였다. 강가에 두 줄로 늘어선 나무들 사이 길이 나 있었다. 한 시간 남짓 산책을 마치고 돌아서려니 언제 이런 길을 산책할 수 있겠나 싶어 아쉬웠다.

저녁엔 박후남 선생의 남편인 젤만 교수와 함께 식사를 하였다. 젤만 교수는 독일인으로 11년 전에 스위스로 이주하여 바젤대학교의 형법 및 법철학 교수로 근무하고 있다. 식사 자리에서 하신 말씀은 다음과 같다.

형벌의 목적은, 응보, 교화, 사회 방위 어느 하나라고 말하기는 어렵지만, 법이 지켜진다는 믿음도 그중 하나다. 사형 폐지는 스위스에서 30년 이상 역사를 가지고 있으며, 사형제 폐지 후 범죄가 증가했다는 증거가 없다고 했다. 오판 우려, 그리고 국가가 이성적 상태에서 살인한다는 것이 말이 안 된다는 점을 그 근거로 들었다.

식사 후에는 젤만 교수의 초청으로 그분의 집을 방문하여 와인을 마셨다. 집은 2층짜리 건물로 남진의 노래처럼 "저 푸른 초원 위에 그림 같은 집"이었다. 일행이 이 노래를 소개하며 집이 아름답다고 했더니 젤만 교수가 크게 웃었다.

호텔로 돌아올 때는 젤만 교수 부부가 차를 두 대 동원하여 전철 타는 데까지 바래다주었다. 바젤에서는 전철이 주된 교통수단이라고 한다.

헤어지는 자리에서 박후남 선생은 눈물을 글썽였다.

36년 이상 외국 생활을 해도 한국인의 정은 쉽게 망각되는 게 아닌가 보다.

호텔에 돌아오니 11시였다. 오늘 밤은 잠을 좀 자야 할 텐데….

# 형사 재판 잘 받는 방법들 중

2006. 12. 19.

**진술 거부권 행사**

자기에게 불이익한 사실에 대하여 진술을 거부하는 것은 헌법 및 형사 소송법에서 보장된 피고인 및 피의자의 권리입니다. 따라서 법정에서 판사로부터 불이익한 사항에 대하여 질문을 받을 때 진술을 거부하면 되겠습니다. 괘씸죄가 걱정된다면 기억이 나지 않는다거나 잘 모르겠다고 대답하면 되겠습니다. 이것이 모순되거나 불합리한 답변을 하는 것보다 유리합니다.

**답변 방식**

법정에서 판사의 질문에 대하여 답변을 할 때는 결론을

먼저 말하고 이유를 나중에 설명하는 것이 효과적인 경우가 많습니다. 판사는 질문을 통하여 사건의 윤곽을 파악하려고 하므로, 판사에게 결론을 먼저 말함으로써 판사가 설명이 더 필요한 부분인가를 쉽게 판단할 수 있도록 도와주는 것이 좋습니다.

판사는 여러 각도에서 사건을 살피기 위하여 다양한 질문을 하는 것이므로, 설령 질문이 자신에게 불리한 내용일지라도, 판사가 상대방의 편을 든다고 섣불리 생각하지 말고 정중하게 답변하는 것이 좋습니다. 그러한 과정을 통하여 판사는 피고인의 진심을 이해하게 될 것입니다.

# 판사의 일

2007. 2. 14.

 판사가 죽은 사람을 살릴 수는 없다. 그러나 멀쩡한 사람을 죽일 수는 있다. 선고 전날 아파트 단지 내 공원을 산책한다. 내일의 판결을 머리로 그려보고, 결론에 지신 있는지를 검증한다.

# 화이트칼라 범죄 양형 기준

2007. 2. 15.

 국회가 외부인이 참여하는 양형위원회에서 효력 있는 법률을 만들기로 했는데, 창원지법의 양형 기준은 그런 논의를 이끈 계기가 됐다.
 양형 기준이 법관 권한을 제약하는 면이 있지만 순기능과 역기능을 종합적으로 고려해서 결단을 내릴 문제다. 양형 기준에 대한 공감대가 형성되어야 한다. 교통사고나 음주 운전, 필로폰 투약 등에 대해서는 양형 기준이 적용되고 있다. 더 필요하다면, 기술적으로 가능한 한 확대해 나가야 한다.
 2006년 3월경 회사 이사가 공금 23억 원을 횡령했다가 사주와 합의를 했다. 종전에는 합의만 되면 집행 유예가 선고되는 경우도 많았지만, 양형 기준을 만든 뒤에는 그 이사에 대해 징역 3년 6월과 23억 원 배상 명령을 내렸다.

화이트칼라 범죄란 사회적으로 존경받는 사람들의 범죄다. 공무원 뇌물 수수와 기업 임원의 횡령 배임이 문제다. 그 사람들과 판사의 사회적 경험이 비슷하여 그 사람들이 범죄를 저지른 데 대한 변명이 판사한테 심정적으로 와닿는 면이 있다. 전과가 없고 업무 수행 중의 관행도 있다. 하지만 그런 것을 다 뛰어넘지 못하면 우리 사회가 한 단계 더 도약하기는 어렵다. 과도기에 피해를 보는 사람이 있을 수 있지만 기준을 세울 필요가 있다.

식물에 '리비히 법칙'(최소율의 법칙)이라는 게 있다. 식물의 생산량은 식물에 최소량 존재하는 무기 성분에 의해 지배받는다는 법칙이다. 정치·사회·문화 분야도 마찬가지다. 평균적인 게 우리 사회의 성장 발전을 결정하는 게 아니라 가장 낮은 부분이 우리나라의 성장 발전을 결정한다.

## 좋은 변호사

2007. 3. 1.

성공을 장담하는 변호사는 좋은 변호사가 아닙니다.

재판을 해보면 판사도 그 결과를 예상하지 못할 때가 많습니다. 명쾌하게 결론 나는 사건도 있지만, 선고하는 그 순간까지 결론이 왔다 갔다 하는 사건도 많습니다. 그런데 일부 변호사 사무실에서는 성공을 장담하며 사건을 수임하는 경우가 있다고 합니다. 이러한 사무실은 결코 좋은 변호사 사무실이라고 할 수 없습니다.

재판이라는 것은 해봐야 결과를 알 수 있는 것이고, 이길 가능성이 높을 수는 있겠지만 성공을 장담할 수 있는 사건은 많지 않습니다.

# 죄인을 다스리는 방법

2007. 3. 19.

지혜로운 왕은 죄를 다스릴 때도 자비심을 바탕으로 조절하고, 밝은 지혜로 잘 살피고, 다섯 가지 원칙으로 현명하게 처리한다고 합니다.

첫째 원칙은 사실 검증입니다. "오직 제시되는 사실에 의하며 사실인지 아닌지를 검증한다."

둘째 원칙은 시기에 관한 것입니다. "판결할 힘이 있는 적합한 시기인지를 확인한다." 힘이 없는 시기에는 처결하지 않습니다. 왕에게 힘이 있을 때는 처결의 효과가 있지만 힘이 없을 때 처결하면 혼란이 일어나므로, 판결의 때가 중요하다는 의미입니다.

셋째 원칙에서는 동기의 중요성에 대해 말합니다. "동

기에 따라 공정하게 판결해야 하며 결과에 의지해서는 안 된다." 죄를 저지른 사람의 마음으로 들어가서 고의인지 아닌지 판단해야 한다는 뜻입니다. 고의가 아니라면 석방해야 합니다.

넷째 원칙은 말에 대해 말합니다. "부드러운 말로 취조하고 거친 말로 협박하지 않는다." 어떤 법을 위반한 죄인지 분명하게 알고 그 죗값 이상의 벌을 주지 않도록 주의해야 합니다. 부드러운 말로 타일러서 참회할 시간을 주어야 합니다.

다섯째 원칙은 자비심입니다. "자비심에 의지하되 분노심으로 처결하지 않는다." 죄를 미워하되 사람을 미워하지 말라고들 합니다. 자비심은 죄를 다스리는 가장 큰 원칙이라고 생각합니다. 판결은, 죄를 범한 자가 죄를 뉘우치고 고치게 하려는 것입니다.

(재단법인 불교전도협회가 2005년 4월에 발행한 《한영 대역 불교성전》에 실린 내용입니다. 몇 해 전 사무실로 배달된 책으로, 훑어보니 형사 재판을 하시는 분들께 참고가 될 것 같아 소개합니다.)

## 말 대신 계약서

2007. 3. 31.

계약서는 그대로 두고 말로 약속하는 것은 아무 소용이 없습니다.

계약은 지켜져야 한다는 격언이 있지만, 살다 보면 계약이 지켜지지 않는 경우를 종종 봅니다. 몇 가지 법률만 알아도 억울한 일을 덜 당하리라 생각합니다. 간혹 법정에서 "법이 이럴 수가 있습니까?" "법을 떠나 상식적으로 상대방 주장은 말이 안 됩니다"라는 말을 듣는데, 부질없는 말입니다.

법을 아는 것도 상식을 넓히고 힘을 기르는 길이라는 생각으로 사전에 법을 제대로 알고 대처하는 것만이 넋두리를 줄이는 방법입니다. 특히 착한 사람들은….

# 증인 출석

2007. 4. 18.

재판을 진행하다 보면 증인의 불출석으로 재판이 공전되는 경우가 많고, 그 때문에 재판이 늦어지면 당사자들은 불만을 터트립니다. 판사는 사건 현장에 없었으므로 결국 증거 서류와 증인의 증언을 통하여 사건의 실체에 접근할 수밖에 없습니다. 따라서 증인의 출석은 판결의 정의와 진실을 담보한다고 볼 수 있습니다.

법정에 나가 증언하는 것은 매우 귀찮은 일이기도 하고 무거운 책임이 뒤따르는 일이기도 합니다. 그러나 증인이 법정에 나와 진실을 말해주지 않는 이상, 판사들의 오판은 예정된 일입니다.

물론 오판은 근본적으로 판사들의 책임이지만 증인으

로 출석하지 아니하거나 위증을 한 사람들도 그 책임에서 자유로울 수 없을 것입니다.

부디 법정이 진실과 정의의 전당이 될 수 있도록 도와주시길 바랍니다.

# 판사 한기택

2007. 4. 21.

오래전《판사 한기택》을 읽었다. 이제야 독후감을 적는다. 판사 한기택은 목숨 걸고 재판하는 판사로 널리 알려져 있다. 2005년 가족 여행 중 심장 마비로 사망하였다.

대법원장 비서실장 김종훈은 이 책의 발간사에서 "우리는 떠난 그가 불쌍하다고 생각하다가 그 없이 살아야 하는 우리가 더 불쌍하다고 생각했습니다"라며 고인을 기렸다.

고인 사망 후 유족의 생계를 걱정한 조관행 판사의 제안으로 모금이 이루어졌다. 부장판사 이상을 대상으로 했음에도 며칠 만에 1억 원이 모인 사실은 고인의 죽음에 대한 판사들의 충격과 안타까움이 어떠했는지를 단적으로 보여준다.

이수형을 비롯한 동아일보 법조팀 기자들이 '한기택, 그는 누구인가'라는 제목으로 고인의 삶을 정리하였고, 고인의 일기와 편지를 간추려 실었으며, 박시환 대법관을 비롯한 동료 판사 세 명과 이마르셀 수녀님이 고인을 추모하는 글을 실었다. 마지막으로 고인의 연보, 법률 논문 목록이 수록되어 있다. 한기택을 기억하는 사람들이 고인의 1주기를 즈음하여 펴낸 책이다.

이 책은, 김용철 대법원장의 퇴임을 몰고 온 제2차 사법 파동의 주역이 한기택 판사였음을, 완곡하고 온건하여 400여 명 판사들이 서명에 참여하도록 만들었다는 평가를 받은 성명서를 작성한 사람이 다름 아닌 한기택 판사였음을, 고등학교 때 가졌던 꿈이 절대 화내지 않는 사람이 되자는 것이었고 고인이 그 꿈을 이루었음을, 이상연 씨와 대학교 2학년 때 만나 619차례 데이트 끝에 결혼하였으며 죽는 날까지 사랑하였음을, 고인이 중견 법관이 된 뒤 목숨 걸고 재판해야 한다는 말을 자주 했고 고인이 그 말을 실천했음을 증명하고 있다.

고인은 대학교 1학년 때 경제철학회에 잠시 드나들었고, 3학년 때 서울대 법과대학 학회지 〈피데스Fides〉 편집장을 맡았다. 당시 대부분의 단과대학 학회지 편집장은 시위를 주도하고 학교를 그만두는 것이 관행처럼 되어 있었기 때문에 그는 그 문제를 두고 고민하다가 사법 시험을 보기로 결정하였다. 고인은 1980년 제24회 행정 고시, 1981년 제23회 사법 시험에 모두 합격하였다.

1982년 6월 23일 검사 시보 시절 이상연 씨에게 보낸 편지에는 다음과 같은 내용이 적혀 있다. 우리 일상생활에서 죄가 되는 것이 터무니없을 정도로 많다는 것, 피의자나 피고인에 대한 검찰과 법원의 처분이 일정 기간 범죄인을 사회에서 격리해 사회를 방위한다는 소극적 효과 외에 범죄인을 교화하고 그들이 죄를 범하게 하는 환경을 개선한다는 면에서 무슨 효과가 있나 의심스럽다는 점을 고인은 고민하였다.

1982년 8월 23일 이상연 씨에게 보낸 편지에는 "저는 출세하고 싶은 생각도 별로 없습니다. 저는 사람들을 사랑하고 싶은 생각은 있습니다"라는 내용이 들어 있다.

고인은 1986년 9월 1일 서울민사지방법원 판사로 임명되어 법관 생활을 시작했고, 서울행정법원 판사로 있으면서 약자에게는 관대하고 강자에게는 엄격한 판결을 하였다.

"시각 장애인에게만 안마사 자격을 인정하는 것은 장애인에 대한 국가의 보호 의무를 규정한 헌법에 따른 것이며 국가가 시각 장애인의 생계를 실질적으로 보장해주지 못하는 현실에서 이 제도가 부당하다고 볼 수는 없다. (…) 비장애인의 직업 선택의 자유도 중요하지만 그것이 시각 장애인의 생존권보다 더 중요할 수는 없다."

고인은 1981년 10월 11일 명동성당에서 크리스토폴이라는 세례명으로 세례를 받고 천주교에 귀의하였으며 죽는 날까지 하느님을 배반하지 아니하였다.

고인은 1989년 7월 민사판례연구회에 가입하였고, 1994년 3월 우리법연구회에 가입하였으며, 2005년 2월 14일 대전고등법원 부장판사가 되었다. 고인은 2005년 7월 24일 40대 후반의 나이에 어머니와 자녀, 그리고 형제가족 등 열네 명과 함께한 여행 중 말레이시아 코타키나발루 바다에서 영면하였고, 현재는 미리내성지 입구에 있는 유무상통 실버타운 안 납골당에 안치되어 있다.

고인이 좋아했다는 시를 소개함과 동시에 법조인과 법조인이 되려고 하는 이들에게 일독을 권하면서 부족한 이 글을 마친다.

기다리는 사람에게 시간은 너무 더디고
두려워하는 사람에게 시간은 너무 빠르고
슬픈 사람에게 시간은 너무 길고
기쁜 사람에게 시간은 너무 짧다
사랑하는 사람에게 시간은 아무것도 아니다

# 민사 재판 잘 받는 법

2007. 5. 17.

오늘 재판을 하면서 느낀 점을 토대로 민사 재판 잘 받는 방법을 적어보았습니다.

**변호사를 선임하는 것이 유리합니다**

소송을 하려면 어려운 일이 많으므로 형편이 허락한다면 변호사를 선임하는 것이 좋습니다. 변호사를 선임하였다고 해서 변호사에게 모든 것을 맡길 것이 아니라 수시로 소송 진행 정도를 확인하고 대응 방안을 함께 의논하는 것이 중요합니다.

## 준비 서면을 간단명료하게 작성하는 것이 좋습니다

변호사를 선임하지 못할 경우 법무사의 도움을 받거나 본인이 직접 준비 서면을 작성해야 할 터인데, 이때 주의할 점은 다음과 같습니다.

준비 서면이라는 것은 당사자의 주장에 불과하므로 아무리 유리한 내용을 적어놓더라도 증거가 없으면 인정받기가 어려운 반면, 불리한 내용은 별도의 증거가 없더라도 본인에게 불리하게 작용합니다. 따라서 준비 서면은 간단하게 작성하는 것이 좋습니다. 증거가 뒷받침되는 내용일 경우 명료하게 주장을 펼치는 것이 좋습니다.

여기서 주의할 점은 준비 서면에 상대방을 비난하는 내용을 적을 경우 이익이 없을 뿐만 아니라 때로는 해롭다는 것입니다. 재판이라는 것이 당사자의 도덕성에 대한 심판이 아니라는 점에서 그렇고, 뚜렷한 증거 없이 상대방을 비난할 때 판사에게 좋은 인상을 주기 어렵기 때문에 그렇습니다.

준비 서면에 똑같은 내용을 되풀이하여 적어내는 것도 피해야 합니다. 재판부는 많은 사건을 처리하고 있으므로 그들의 노고를 덜어주는 것도 좋은 인상을 심어주는 방법이 될 수 있습니다.

**소송의 승패는 증거에 달려 있습니다**

민사 소송에서 이기고 지는 것은 증거가 있느냐 없느냐에 달려 있습니다. 따라서 흥분할 필요 없이 차분하게 증거를 수집하여 제출하는 사람이 이길 수밖에 없습니다.

증거로는 애초 사건이 있었을 때 작성된 서류, 특히 상대방이 서명 또는 날인한 서류가 가장 효력이 강하고, 그다음으로 제3자가 작성한 서류가 효력이 강합니다. 증인의 증언은 상황에 따라 다릅니다.

**법정에서는 결론부터 먼저 이야기하는 것이 좋습니다**

아직도 법정에서는 많은 사건을 처리하는 실정이므로 법정에서 판사로부터 질문을 받았을 때는 결론을 먼저 이야기하는 것이 좋습니다. 그다음에 그 이유를 간단하게 설명하는 것이 좋습니다.

**조정 또는 화해를 권유받았을 때는 존중하는 것이 좋습니다**

재판을 하다 보면 어느 당사자의 주장이, 설득력은 있으나 증거로 뒷받침 되지 않는 경우가 제법 있습니다. 법적 관점으로만 해결할 경우 어느 당사자에게 더 가혹하기도 합니다. 이길 승산이 있어 보이나 시간과 비용이 상당히 많이 드는 경우가 있습니다.

이럴 때 법원은 당사자에게 조정 또는 화해를 권고하는데, 긍정적으로 검토해보는 것이 좋습니다. 특히 조정 또는 화해 절차에서는 집행에 관한 내용을 반영할 수도 있으므로 이러한 점에서도 조정 또는 화해의 효용은 높습니다.

**증인 신문을 할 때는 불쾌한 감정을 드러내기보다는 허점을 짚어내는 것이 중요합니다**

법정에 출석한 증인을 상대로 질문을 할 경우 "거짓말쟁이다" "양심도 없느냐" 이런 말을 하는 것은 아무런 도움이 안 됩니다. 차분하게 증언의 허점을 짚어내는 것이 중요합니다. 그러려면 상대방이 질문하는 내용을(미리 받을 수 있습니다) 검토하여 허점을 정리했다가 법정에서 질문하는 것이 좋습니다.

**바람**

턱없이 부족한 내용일 것입니다. 이것저것 물어보고 소송을 잘해서 이길 사람이 이기는 재판을 할 수 있기를 바랍니다.

문제가 터지고 나서 소송을 잘하는 것보다 더 중요한 것은 문제가 터지기 전 검토를 충분히 하는 것입니다. 몇 천만 원이 오고가는 계약을 체결할 때 변호사나 법을 잘 아는 사람에게 비용을 들여서라도 상담을 받아보는 것이 길게 볼 때 비용이 더 적게 듭니다.

# 상속 포기

2007. 7. 2.

 이번 주 재판 기록을 보면서 "아들 죽은 것도 서러운데 아들 채무까지 상속해야 하다니 억울하고, 상속 포기라는 제도가 있는 줄 몰랐다"는 내용의 서류를 읽고 마음이 무거웠습니다.

 법의 무지는 면책되지 않는다고(법을 몰랐다고 책임이 사라지지 않는다고) 말하기도 그렇고, 그렇다고 책임이 없다고 말할 수도 없고 참 난감합니다. 늘 하는 말이지만 착한 사람부터 법을 알아야 합니다.

 상속 포기 신고 또는 상속 한정 승인 신고만 제때 했더라면 아들 빚을 갚을 필요가 없었을 텐데, 그것을 하지 못하는 바람에 이제는 아들 빚을 갚아야 합니다. 억울한 일이지요. 그러나 어쩌겠습니까, 그것이 법인데.

그러니 착한 사람들부터 법을 알아야 한다는 것입니다. 제가 어쭙잖게 이러한 글을 계속 쓰는 이유가 여기에 있습니다.

# 40대

2007. 9. 29.

오랜 친구를 오래 만나지 않아도 견딜 수 있다.
불의不義는 참아도 불리不利는 못 참을 만큼
건강에 자신이 없다며
어린 자식 걱정 앞세우는
열정이 사라진 그 자리에
책임으로 버티기에 버거워하는
그게 주5일제의 40대인가?
아! 푸르른 20대를 살아온 그의 여정일 수 있는가?

# 조정과 우산

2008. 4. 13.

2007년 민사 2심 사건을 담당할 때 있었던 일이다. 원고는 회사이고 피고는 그 회사에 다녔던 노동자다.

원고는 피고가 원고 회사에서 일할 때 실수로 원고 회사에 끼친 손해를 배상하라는 청구를 하였고, 그 증거로 피고가 작성한 각서를 제시하였다.

이에 대하여 피고는 각서 작성은 인정하면서도 원고 회사의 요구에 따라 억지로 작성하였다고 주장하고, 받지 못한 임금을 공제해달라는 주장도 하였다.

1심에서는 원고가 모두 이겼다. 2심에서 심리를 해본 결과 원고가 양보할 뜻이 있다고 밝히는 점, 피고의 처지가 딱한 점을 고려하여 조정 절차에 회부하였다.

3주 뒤로 조정 기일을 정하여 한 시간 정도 원고와 피고가 공방을 벌이고 판사가 원고와 피고를 상대로 설득한 끝에, 원고는 1심 판결 배상금에서 피고의 임금을 공제한 다음 다시 100만 원을 더 양보하여 300만 원을 최종안으로 제시하였다.

   피고는 각서를 억지로 작성하였고 손해 액수도 그렇게 많지 않다며 200만 원만 주겠다고 최종안을 제시하였고, 간격이 더는 좁혀지지 아니하였다.

   100만 원 때문에 한 시간의 노력이 물거품이 되나 걱정을 하고 있던 차에 피고의 "오늘도 비 맞고 재판받으러 왔고 요즘은 일거리도 없어 참 힘들다"라는 말이 들렸다. 창밖을 바라보니 제법 비가 내리고 있었다.

   즉시 판사실 부속실에 전화를 하였다. 내 방에 있는 우산 두 개 중 하나를 가져오라고. 그러면서 내심, 우산 두 개 중 오래된 것을 가져왔으면 하고 바랐다. 아니나 다를까 부속실 직원은 오래된 우산을 가져왔다.

   나는 그 우산을 받아, 돌아갈 때 쓰고 가시라며 피고에게 건넸다. 피고는 몇 번 거절하더니 비 맞고 가려니 걱정이 되었는지 우산을 받았다.

   나는 한참 뜸을 들인 후 피고에게 250만 원으로 이 사건을 끝내면 안 되겠냐고 제안했다. 피고가 받아들였고, 그러자 원고도 나의 조정안을 받아들였다. 그리하여 그 사건은 조정으로 끝났다.

집에 돌아와 아내에게 무용담을 전했다. 여차하여 사건을 조정으로 끝냈고 우산도 오래된 걸 주었으니 별 손해도 없었다는 것까지. 직원이 참 눈치가 있더라는 말까지 덧붙이며….

자기 일처럼 기뻐하리라 기대했던 아내의 한마디. "그 우산 내가 제일 아끼는 까스텔바작 제품인데, 그걸 내 허락 없이 남에게 주면 어떡하냐"고.

소송 사건은 우산 때문에 조정되었지만 그 우산 때문에 우리 집에는 사건이 하나 생겼다.

# 녹차 한 잔의 힘

2008. 4. 18.

2008년 4월 민사 2심 사건을 처리하면서 겪은 일이다.

원고는 피고에게 돈을 빌려주었다며 800만 원을 청구하면서 피고가 쓴 차용증을 제시하였다.

이에 대하여 피고는 차용증을 작성한 사실은 인정하면서도 차용증을 써준 이유가 다르다고 하였다. 즉 피고가 제3자에게 돈을 빌려준 적 있고, 원고가 피고 대신 그 돈을 받아주겠다면서 편의상 차용증을 하나 써달라고 하여 응했을 뿐, 피고는 원고에게 800만 원을 빌린 적이 없다는 것이다.

1심은 300만 원에 화해 권고를 하였으나 피고가 거절하자 원고 패소 판결을 선고하였다. 원고의 항소로 2심이 열

렸고 심리해본 결과, 원고가 피고에게 수백만 원의 돈을 빌려주었던 사실, 피고가 420만 원의 돈을 변제한 사실 정도는 인정되는데, 차용증에 적힌 대로 800만 원을 빌려주었는지가 애매하였다.

다만, 원고가 피고에게 돈을 빌려준 시기가 피고가 사업에 실패한 뒤로서 어려운 때였고, 피고가 원고에게 이자를 준 적이 없다는 점에 주목하여 조정 절차에 회부하였다.

2주 뒤 조정실에 원고와 피고를 불러 서로 이야기를 하게 하고 재판장이 나서서 설득도 해보았지만 한 시간이 지나도록 입장 차가 좁혀지지 아니하였다. 피고는 몇 주 말미를 주면 좀 더 생각해보겠다는 정도였고, 원고는 재판장에게 조정안을 위임하겠다는 선에서 평행선을 그었다.

그만둬버릴까도 생각해봤지만, 그동안 들인 공이 아까워 마지막 수를 한번 써보자고 마음먹고 판사실 부속실 직원에게 차 세 잔을 주문하였다. 부속실에는 차 시배지로 유명한 하동의 녹차, 지리산 야생초로 만든 백초차, 지리산 산뽕잎차, 재스민차, 보이차, 커피 등등이 준비되어 있지만, 내심, 이런 날은 하동 녹차가 제격인데, 생각하였다. 이심전심으로 직원은 하동 녹차 세 잔을 내어왔다.

녹차를 마실 때까지 원고, 피고, 재판장 3인은 침묵을 유지하였다. 나는 먼 산도 바라보고 눈앞에 있는 노트북도 보면서 녹차를 다 마셨다.

그리고 한참 뜸을 들인 끝에 피고에게 "어려운 시기에 돈을 빌렸으면 이자는 줘야 할 것 아니냐. 150만 원 정도 주고 이 사건을 끝내자"라고 제안하면서 다음과 같이 호소하였다.

"오늘 조정이 성립되지 아니하고 판결로 가면 두 사람은 악연이 될 텐데 앞으로 어찌 될 줄 알고 악연을 만들려고 하느냐"며 1990년 내가 정훈장교로 근무했을 때 나를 서운하게 했던 참모장교 이야기를 꺼냈다. 15년 뒤, 우리 둘은 재판장과 증인으로 만났다. 참모장교가 증언을 하고 며칠 뒤에 나에게 식사를 하자며 편지를 보냈다. 그러나 서운했던 경험이 생각나 거절하고 우연히 사건 검색을 해봤더니 그 참모장교가 다른 재판부에서 재판을 받고 있었다.

피고가 드디어 마음을 움직였다. 재판장의 조정안을 받아들이겠단다. 그래서 그 사건은 피고가 원고에게 150만 원을 주는 것으로 처리되었다.

완강했던 피고의 마음을 녹인 것은 무엇일까? 악연을 만들지 말라는 재판장의 호소일까? 녹차 한 잔의 힘일까?

소설가 한승원은 《차 한 잔의 깨달음》이라는 책에서 차가 두 가지 무기를 가지고 있다고 했다. 탐욕과 오만과 미혹과 분노와 시기 질투와 복수심을 그치게止 하는 것, 그리고 밝고 맑은 지혜로써 세상을 깊이 멀리 높게 뚫어보게觀 하는 것. 즉 차가 '지관止觀의 약'이라고 했음을 알고 있는 나로서는 조정실에서 마신 녹차 한 잔이 피고에게 지관의 약이 된 것은 아닐까 추측해볼 뿐이다.

# 김창완

2008. 5. 11.

　산울림의 김창완을 좋아했고 지금도 좋아한다. 김창완의 노래는 잔잔하다. 가사는 평범하고 멜로디는 편안하다.
　언젠가 인터뷰에서 "당신의 노래는 왜 그렇게 평범하냐"라는 질문에 김창완은 이렇게 대답했다. "일상이라는 게 얼마나 편안하냐. 해가 매일같이 동쪽에서 떠야지, 오늘은 동쪽에서 뜨고 내일은 서쪽에서 뜨면 불안해서 살겠냐." 그의 말을 듣고서 그의 노래를 들으니 정말 그러했다. 그의 노래는 대부분 일상의 행복을 이야기하고 있다.
　일상의 행복을 일상의 사람이 느끼기란 쉽지 않다. 그러나 일상의 평온을 누리지 못하는 사람들, 예컨대 질병으로 고통받는 사람들, 송사에 휘말려 고민하는 사람들은 일상의 행복이야말로 진정한 행복임을 깨닫는다. 그런 의미에서 김창완은 일상의 행복을 버리고서라도 커다란 행운을 추구하려는 이들에게 대중적인 어법으로 일상의 행복을 즐기라고 외치는 셈이다.

최근 들어 질병으로 고민도 하고 미래에 대한 걱정도 하면서 이런저런 생각이 들어 이 글을 쓴다.

아! 인생이란 실수를 몇 번 되풀이하고 후회를 얼마나 더 하고서야 제대로 살 수 있는 것일까? 가족에 대한 책임은 인생의 목표를 어디까지 수정하게 만드는 것일까?

# 명분과 실리를 나누는 화해

2008. 6. 12.

　격렬하게 다투는 당사자를 화해시키기란 참으로 어렵다. 먼저 양보하는 것이 지는 것이라고 생각할 때는 더욱 어렵다. 그럴 때 재판부가 제3자로서 바람직한 분쟁 해결 방안을 제시하고 당사자에게 의견을 물어보는 화해 권고 결정도 유용한 분쟁 해결 수단이라 생각한다.

　소송을 제기하는 목적은 다양하다. 그러나 크게는 명분과 실리로 나눌 수 있다. 명분이라 함은 피고가 잘못했다는 점을 공적으로 확인받고 싶다는 것일 게다. 실리는 경제적 이익을 찾겠다는 것이다.

　소송에서 실리만 중요하다는 생각은 큰 오산이다. 재판을 진행하다 보면, 원고의 이야기를 충분히 들어주고 원고의 입장에 공감을 표하고 피고로부터 진심 어린 사과를 유도하면 돈은 상징적인 수준에서 지급을 명해도 분쟁이 종결되는 경우가 많다.

나는 이것을 명분과 실리를 나누는 화해 권고라고 부른다. 한 당사자에게는 명분을 주고 한 당사자에게는 실리를 준다는 것이다.

이 사건에서, 원고는 피고가 회계 처리를 불투명하게 했다는 점에 대한 확인으로 명분을 찾고 찬조금을 받음으로써 약간의 실리도 챙겼으며, 피고 역시 예산을 횡령했다는 증거가 부족하다는 점에 대한 확인을 받음으로써 명분을 찾은 셈이다.

판사란 타인의 인생에, 특히 극적인 순간에 관여하는 사람이다. 분쟁에 대한 충분한 이해와 인생에 대한 풍부한 경험이 없다면 자칫 그들 인생에 커다란 짐을 지우는 오판을 할지도 모른다.

시간이 갈수록 판사란 직업이 두렵다.

# 조삼모사

2008. 8. 2.

조삼모사朝三暮四라는 말이 있다. 송나라의 고사로, 먹이를 아침에 세 개 저녁에 네 개 주겠다는 말에 원숭이들이 적다고 화를 내어서 아침에 네 개 저녁에 세 개 주겠다 했더니 좋아하였다는 데서 유래한 말로, 국어사전에는 간사한 꾀로 남을 속여 희롱함을 이른다고 풀이되어 있다.

그런데 과연, 아침 네 개 저녁 세 개가 아침 세 개 저녁 네 개와 같을까? 대부분의 분쟁은 저녁이 아니라 아침에 네 개를 차지하겠다는 데서 생기는 것은 아닐까?

소송 계속 중 당사자 간 양보가 필요하다고 생각하여 조정 절차에 넘겨 진행해보면 조삼모사의 힘을 실감할 때가 많다. 원고는 대개 재판 절차를 서둘러 마치는 조건으로 일정한 양보를 하는 대신 양보한 것마저 받지 못할까 걱정한다. 피고는 가능한 한 많은 양보를 받으려고 하고 성에 안 차면 전부 아니면 전무의 모험을 하려는 경향이 있다.

둘 사이의 간격을 좁혀보면, 원고는 이른 시기에 네 개를 받고 나서 나머지 세 개는 나중에 받겠다고 하고, 피고는 일단 세 개를 주고 나머지 네 개는 형편 되면 주겠다는 식으로 귀결되는 경우가 많다.

2008년 7월 처리한 사건 중에 원고는 1,500만 원의 대여금 및 이자를 구하고, 피고는 다 갚았으므로 한 푼도 줄 수 없다고 하는 사건이 있었다.

1심에서는 피고가 부주의로 불출석하는 바람에 원고가 전부 이겼다. 피고가 뒤늦게 판결 선고 사실을 알고 항소장을 제출했다. 항소 기간을 넘겨 항소가 각하될 가능성이 높은 반면, 1심에서 소멸 시효를 주장했더라면 피고가 이길 수도 있는 사건이었다.

2심에서 몇 번의 재판이 진행되었고, 양쪽 변호사들의 협조 속에 조정 절차를 진행했다. 원고는 1,200만 원의 원금만 받겠다고 1차 협상안을 제시했다. 피고는 500만 원을 갚겠다고 협상안을 제시하였다. 재판장의 설득 끝에 원고는 1천만 원까지는 양보할 수 있다고 하였으나 피고는 500만 원 이상은 곤란하다고 버텼다.

고심 끝에 나는 피고의 채무액을 1천만 원으로 정하고, 10개월 안에 700만 원을 갚을 경우 나머지 300만 원의 채무를 면제한다는 조정안을 제시하였다. 밀고 당기는 실랑이 끝에 원고와 피고 모두 재판장의 조정안을 받아들여 결국 조정이 성립되었다.

원고는 무작정 700만 원에 합의하기보다는 일단 1천만 원을 정해놓고 실제로 700만 원을 받을 경우에만 300만 원을 포기함으로써 이익을 현실화할 수 있다는 점에서 이익이다. 판결을 받아놓고도 피고 명의로 된 재산이 없어 원고가 돈을 받지 못하는 경우가 많다는 점을 고려해보면 충분히 이해가 간다.

피고는 1천만 원 아래로 내려오지 않는 상황에서, 일정한 조건이 붙기는 했지만, 700만 원으로 채무를 청산할 수 있는 기회가 생겼다는 점에서 이익이다. 어쨌거나 판결이 선고될 경우 피고가 유리하지 않다는 재판장의 설득도 있고 피고가 전부 지는 내용의 판결이 선고될 경우 평생 원고의 감시 대상에 들어간다는 점을 고려해보면 충분히 이해가 간다.

조삼모사의 관점에서 분석해보면, 원고는 1천만 원을 가져오면 나머지를 포기하겠다고 한 점에서 아침에 네 개를 원했던 것이고 피고는 500만 원에 모든 채무를 청산하고 싶었던 점에서 아침에 세 개를 원했던 것으로 정리할 수 있고, 이를 절충한 조정안이 제시됨으로써 분쟁이 해결되었다.

우리 사회의 개혁이 지지부진한 이유가 개혁을 반대해서라기보다는 과도기의 손실을 누가 감수할 것인가에 대한 합의가 부족하기 때문이 아닌가 싶다.

예컨대 의약 분업을 보아도, 의약 분업이 철저하게 지켜지고 제약사의 리베이트 관행이 근절된다고 가정하면, 의약 분업이 의사에게도 약사에게도 충분히 득이 되는 제도였는데, 두 가지 전제 조건이 충족될 때까지 누가 손실을 감수할 것인가 또는 누가 불로소득을 취할 것인가 하는 문제에 대한 의견 차이로 도입 과정에서 진통이 있었지 않나 싶다.

이렇게 볼 때 개혁을 추진하는 과정에서 과도기의 손실을 부담하겠다고 나서는 집단, 개인이 필요하다. 신영복 교수님이 말한 양심적인 신뢰 집단도 그 주체로서 상정해 볼 수도 있을 것이다.

예를 들어 소득세율이 상향되었다고 진단된 경우 소득세율을 인하하려면 세수 확보 기술을 획기적으로 향상하면 되겠지만 그건 쉬운 일이 아니고, 과도기에 성실한 납세자 집단과 계층, 이를 부추기는 문화가 있어준다면 큰 도움이 될 것이다.

소득세율이 인하되기만 한다면 그 혜택은 골고루 돌아감이 분명한데 세율이 인하될 때까지 어떻게 세수를 확보할 것인가가 관건이다. 주위에 보면 정말 성실하게 소득세를 납부하는 분들이 있는데 이런 분들이 바로 애국자가 아닌가 싶다.

여기서 누가 아침에 세 개를 받을 것인가가 문제 된다. 결론적으로 역사의 진보를 믿는 자가 이를 감수해야 한다고 본다. 역사의 진보를 믿는다는 것은, 변화해야 하며 그 변화가 내일은 될 거라고 믿는 사람이므로 오늘 당장 보상받을 필요는 없지 않은가?

그러고 보면 조삼모사란 간사한 꾀로 남을 속이는 행위가 아니라 인간 심리에 기초한 문제 해결 방안일지도 모른다.

# 선순환의 공동체

2008. 11. 6.

저는 김장하 선생님의 도움으로 고등학교, 대학교를 다녔습니다.

김장하 선생님은 진주에서 남성당한약방을 운영하고 계십니다. 그분은 저뿐만 아니라 100명 넘는 학생들에게 장학금을 주셨습니다. 명신고등학교를 설립하고 학교 운영이 궤도에 오르자 나라에 학교를 기부하셨습니다. 그 외에도 경상대학교 남명관 건립, 진주신문 발행, 형평운동기념사업회, 진주정신지키기 모임….

진주 없는 김장하 선생을 생각할 수 없듯이 김장하 선생 없는 진주도 생각할 수 없습니다. 진주시장 범민주 단일 후보로 추대되었을 때 단번에 거절한 사례는 선생님의 지향이 어디에 있는지를 알 수 있는 본보기라고 생각합니다.

그러나 그분의 생활은 매우 검소합니다. 지금도 자가용 자동차가 없고 골프도 하지 않습니다. 명신고등학교 이사장으로 있을 때 자전거를 타고 학교로 가서 학생들을 상대로 말씀을 하신 적도 있습니다. 학생들에게는 말씀의 내용이 문제가 아니었을 것입니다. 자기 눈앞에서 말하고 있는 이사장이 조금 전에 자전거를 타고 교문에 들어섰다는 사실이 더 중요하지 않았을까요?

사법 시험에 합격하고 나서 선생님을 찾아뵈었습니다. "선생님이 아니었더라면 오늘의 제가 없었을지도 모릅니다. 감사드립니다"라고 말씀드렸더니 선생님의 대답은 다음과 같았습니다.

"내가 아니었어도 자네는 오늘의 자네가 되었을 것이다. 만일 내가 자네를 도운 게 있다면 나에게 감사할 필요는 없다. 나는 사회에서 얻은 것을 사회에 돌려주었을 뿐이니 자네는 내가 아니라 이 사회에 감사해야 한다."

선생님은 어려서 집이 가난하였기 때문에 공부를 많이 하지 못하셨고, 한약방에서 종업원으로 근무하다가 독학으로 한약업사 자격 시험에 합격하여 오늘날까지 한약방을 운영하고 계십니다. 선생님은 어린 시절 공부를 많이 하지 못한 한 때문에 장학 사업을 하셨고 그 과정에서 저에게 선을 베푸셨습니다.

저도 선생님으로부터 입은 은혜를 언젠가는 다른 사람에게 갚을 것입니다. 이런 선순환이 쌓여 이 사회가 훨씬 단단해지고 아름다워지길 바랍니다. 개인의 자유와 창의, 그 성취는 최대한 보장하되 기회를 제공한 공동체에 성취의 일부를 내놓음으로써, 그에게는 자부심을 선사하고, 이 사회에는 새로운 성취를 거둘 수 있는 토대가 마련되길 빕니다.

제 평생의 스승이신 김장하 선생님! 건강하십시오.

(2011년 2월에 진주지원장으로 발령이 나서 선생님을 오랜만에 뵈었습니다. 식사 한번 대접하겠다고 했더니 공직자가 사는 밥을 먹을 수 없다고 한사코 거부하였습니다. 2012년 2월 인사 발령이 나서 진주를 떠나기 전 식사 한번 대접하겠다고 했더니 선생님은 또 거절하였습니다. 언제 다시 뵙겠느냐고 식사 한번 대접하지 못하고 떠나는 제 마음도 생각 좀 해주시라고 억지를 부려 겨우 승낙을 얻었고, 7천 원짜리 해물탕 한 그릇을 대접했습니다.)

# 작은 세상이 대안이다

2008. 12. 27.

 2009년 국가 예산 217조 원, 2009년 수출액 목표 4,500억 달러, 이를 뒷받침하는 수천 쪽의 계획서…. 손에 잡히지 아니한다. 국가의 사업이 어떻게 결정되고 무슨 근거로 결정되는지 알 수가 없다. 같은 아파트 단지에 산다고 하지만 주민 수가 1만 명이 넘는 상황에서 소통은 어렵다. 같은 아파트에 10년을 살아도 옆집에 어떤 사람이 사는지 제대로 알기는 어렵다.

 나는 오래전부터 '작은 세상'을 꿈꾸었다. 한눈에 보이는 세상, 손에 잡히는 세상을 말이다. 2006년 스위스 바젤에 간 적이 있다. 놀라운 건 스위스 제2의 도시인 바젤의 인구가 10만 명 남짓밖에 안 된다는 점, 고층 건물이라고는 10층 남짓의 제약 회사 건물뿐이고 대부분 5층 이하의 저층 건물인 점이었다. 스위스 사람들은 도시가 너무 크면 통제할 수 없다며 의도적으로 작은 도시를 만든다고 한다.

아! 역시 선진국이란! 루소의 견해에 따르면 작은 국가가 더욱 바람직하다. 규모가 작은 국가에서 민주주의를 더 수월하게 실천할 수 있기 때문이다.

작은 세상을 추구할 수는 없을까? 자기가 사는 동네에서 의식주, 교육, 의료와 같은 요구를 해결할 수는 없을까? "출세하려면 서울로 가야 한다"는 속담 같지도 않은 속담을 그만 들을 수는 없을까? 오히려 서울에서 성취를 이룬 사람이 지방으로 돌아와 지방을 서울로 만들 수는 없을까?

주민들이 모여 자신의 문제를 해결하고, 그 과정에서 대표성을 인정받은 사람이 구의원도 되고 시의원도 되고, 그 연장선상에서 국회의원이 될 수는 없을까?

국가에서 시작되어 도(특별시, 광역시)에서 시군구를 거쳐 주민으로 이어지는 구조가 아니라, 주민에서 시작되어 시군구에서 도(특별시, 광역시)를 거쳐 국가로 이어지는 구조가 될 수는 없을까?

거주 단위로, 직장 단위로, 아니면 아무런 구획도 없이 자원 봉사 단체를 만들어 주위의 힘든 사람들을 도울 수는 없을까?

주위에 불행한 사람이 있는 이상 내가 행복할 수 없다고 느낄 수는 없을까?

성공이 클수록 행복한 것이 아니라 욕망이 덜 생겨야 행복한 것은 아닐까?

내 재산이 많아야 행복한 것이 아니라 나로 인해 가난한 사람이 덜 생겨야 행복한 것은 아닐까?

큰 세상이 효율성과 같은 단일한 가치로 빌딩을 이루고 있는 반면, 작은 세상은 다양한 가치로 숲을 이룬다. 작은 세상을 추구하자. 그 속에 살고 있는 사람과 소통하자. 그리하여 따뜻한 세상이 만들어지고 먼 훗날 내가 그 작은 세상 속에서 위로받을지 누가 알겠는가?

# 이삭의집에서 만난 소년

2009. 5. 30.

오늘 부산법원 직원들이 만든 봉사 단체 '정겨운세상만들기' 회원과 함께 '이삭의집'을 방문하였다. 부산고등법원 수석부장판사를 비롯하여 부산고등법원, 부산지방법원 직원 열여 명(3팀 소속) 참여하였다.

12시에 이삭의집에 도착하였다. 이삭의집에서 만든 수제비를 먹었다. 맛있어서 두 그릇을 먹었다. 이어서 이삭의집 원장이 이삭의집 소개를 했다. 이삭의집은 부산 수영구 광안4동 주택가에 3층짜리 주택을 지어 어려운 처지에 있는 아이 열아홉 명을 키우고 있다.

원장님은 한때 수녀가 되고 싶었다. 남편과 함께, 아이를 낳지 않고 어려운 처지에 있는 아이들을 키우기로 마음 먹고 이삭의집을 운영하기 시작하였고 운영한 지 10여 년이 지났다. 집 지을 때 국가로부터 1억 8천만 원 정도 빌린 것 외에는 국가 보조금을 받지 아니하고 후원금으로 운영비를 충당한다. 원장과 직원 한 명이 아이들과 같이 생활하며 이삭의집을 운영하고 있다.

최근에는 구청으로부터 아이들이 많다는 이유로 일부 아동을 다른 시설로 보내라는 권유를 받고 있으나 다른 시설에서 새로 적응하는 데 어려움을 겪을 아이들을 생각하여 거절하고, 어렵지만 아이들을 그대로 돌보고 있다. 또 국가에서는 대학 들어간 아이들에게는 자립심을 길러 주어야 한다며 시설에서 내보낼 것을 권유한다고 하나, 대학에 들어가도 스스로 살 수 없으므로 아이들을 내보내지 아니하고 아이들이 취직을 하여도 살 집이 없으면 같이 산다고 하였다. 그러고 보니 명단 중에 대학 재학 중인 사람, 군대에 간 사람이 눈에 띄었다.

아이들에게는 원장을 어머니라고 부르게 한다. 어머니라는 호칭을 통하여 어머니에게 버림받은 상처를 치유할 수 있으리란 기대 때문이다. 그리고 아이들 학적부에는 시설에 사는 것이 아니라 보통 가정에 사는 것처럼 기재하고, 건물에도 이삭의집이라는 간판을 달지 아니한다.

여느 가정과 똑같이 보이게 하려고 노력한다. 심지어 시험을 잘 본 아이가 있으면 원장님은 학교에 가서 한턱내고 온다.

열아홉 명 아이들을 국가의 보조를 받지 아니하고 키운다고 하니 믿기지가 아니하였다. 원장님도 하루하루가 기적이라고 말하였다. 천주교 신자들로부터 많은 도움을 받고 있다고 하였다. 나도 매월 조금 보태기로 마음먹었다.

마지막으로, 아이들에게 현재의 처지를 벗어나는 방법이 공부이니 열심히 하라고 말한다면서, 법원에서 온 분들이 본보기를 보여주었으면 좋겠다고 하였다. 우리는 회원들이 모은 약간의 돈을 전달하였고, 여름방학 때 아이들을 법원에 초청하기로 약속하였다.

1시 30분쯤 열내여섯 명 아이들과 함께 황령산 청소년수련원을 향하여 출발하였다. 30분쯤 걸어 청소년수련원에 도착하여 돗자리를 깔고 빙 둘러앉았다. 광안대교와 바다가 내려다보이는 곳이었다. 박 판사가 사온 통닭을 먹고 콜라를 마시면서 사전에 편지를 통하여 맺은 짝과 함께 일어나 자기 소개를 하고 이야기하는 시간을 가졌다.

나는 고등학교 태권도 특기생과 짝이었다. 내 소개를 한 뒤 다음과 같은 취지의 말을 하였다. "내가 상처받지 않기로 마음먹은 이상 어느 누구도 나에게 상처를 줄 수는 없다"라는 간디의 말을 인용하여 상처받지 않기로 마음먹어야 하고 그러려면 자신을 믿어야 한다고 말하였다. 고등학교 때 반장 할 기회가 있었으나 사촌으로부터 물려받은 옷이 남루하여 반장을 못 했다는 이야기도 덧붙였다. 짝을 이룬 고등학생은 즉석에서 태권도 시범을 보였고, 좋은 분들이 와주셔서 고맙다고 인사하였다.

이삭의집에 가기 전에는 아이들이 서먹해하지 않을까 걱정했는데, 막상 만나보니 다들 표정이 밝고 우리와 노는 것이 즐거운 눈치였다. 마치 소풍 나온 기분인 모양이다.

당초 청소년수련원에서 헤어지고 법원 직원들만 황령산 정상까지 등산하기로 계획하였으나, 아이들의 반응이 좋아 정상까지 함께 등산하였다.

아이들은 다람쥐처럼 산을 탔다. 초등학교 3학년부터 고등학교 1학년까지 남녀 아이들이 종달새처럼 지저귀며, 짝을 이루는 법원 직원을 앞서거니 뒤서거니 하였다.

나에게 편지를 보냈던 고등학교 1학년 남학생과 이런 이야기 저런 이야기를 나누었다. 그의 형은 이삭의집에 살다가 얼마 전 군대를 갔다고 한다. 예의가 바르고 밝아서 참으로 흐뭇했다. 오전에는 학교 수업을 듣고 오후에는 10시까지 태권도 연습을 한다는 이야기, 수련회 갔다가 노느라고 잠을 못 잤다는 이야기가 이어졌고, 내 취미를 물어보기도 했다.

같이 간 아이들 중에는 어릴 적 청력을 잃었다가 원장님의 노력으로 3년 전에 인공와우 수술을 두 차례 받고 언어치료를 하는 이가 있었다. 아직 말이 아주 서툴렀다. 어릴 때 말을 들을 수 없어서 지금 말을 제대로 하지 못한다 하였다. 아! 대화란 듣는 게 먼저이고 말하는 게 뒤구나. 나는 말을 먼저 하고 남의 말은 나중에 듣는데….

봉수대에서 사진을 찍고 아스팔트 길을 따라 이삭의집까지 내려왔다. 5시 40분 정도 되었다. 원장님은 토마토주스를 내올 준비를 하고 있었다. 마당에서 마시고 이삭의집을 나왔다. 마침 오늘이 여학생의 생일이라는 말에 수석부장판사가 빵집에 들러 케이크 두 개, 빵 스무 개를 주문해 이삭의집으로 보냈다.

아름다운 사람이 많다. 절망하기엔 이르다.

## 부끄러운 대학 생활

2009. 10. 19.

1983년 대학교 1학년 때로 기억한다. 등교 중에 전경들이 학교 정문을 가로막고 나에게 학생증 제시를 요구하였다. 내가 내 학교에 가는데 학생증 제시가 웬 말이냐며 거부하였다. 그러자 어떤 사람이 "연행해" 명령하였고, 몇 명이 달려들어 나를 경찰차에 실어서 가까운 관악파출소로 연행하였다.

그들은 아무 말도 하지 않고 대기실 같은 곳에 나를 넣어놓고 나가버렸다. 두 시간 정도 파출소 대기실에서 멍하니 서 있던 중 친구들과 함께 등교하는 과정에서 연행되었음을 떠올렸다.

친구들이 파출소 밖에서 나를 기다릴지도 모른다는 생

각, 친구들이 나 때문에 힘들어할지도 모른다는 생각에 그 즉시 대기실을 나와, 어떤 사람에게 학생증을 보여주고 가도 되냐고 물은 결과, 가도 좋다는 대답을 들었다. 친구들은 예상대로 파출소 밖에서 나를 기다리고 있었다. 나는 그들과 함께 다시 등교를 하였다.

나는 대학교 다니는 내내 그것이 부끄러웠고, 26년이 지난 지금도 부끄럽다.

나는 학교 앞에서 연행될 즈음 임의 동행을 거부하여야 했다. 등교하면서 전경들에게 학생증을 보여주지 않은 것이 죄가 될 턱이 없으니 마땅히 그래야 했다. 연행된 뒤에는 불법 구금을 당하고 있으니 나를 풀어달라고 따져야 했다. 그리고 끝까지 학생증을 보여주지 말아야 했다. 법대생이리면 적어도 그 정도는 할 수 있어야 했다.

그러나 나는 그럴 용기가 없었고, 친구들의 안일을 걱정하는 방법으로 내 양심을 우회했다. 다시 한번 말하지만 그때나 지금이나 나는 이른바 운동권도 아니고 좌파도 아니다.

26년이 지난 지금 '등교하는 나에게 학생증 제시를 요구하는' 상황이 벌어지고 있다. 우리법연구회가 판사들의 학술 연구 단체라고 주장하고 입증하여도, 그들은 그렇지 않다고 단정한 다음 "우리법연구회를 해체하고 좌경 판사 물러가라"라며 법원 앞에서 시위를 벌이거나 먼발치에서 시위를 부추기고 있다.

26년 전 그들에게 학생증을 제시하고 등교를 하여야 했듯이 나는 또 다른 그들에게 '우리법연구회를 해체함으로써 좌경 판사가 아님'을 확인하는 신분증을 제시하고 법원에 출근해야 하는 것인가?

아니, 그전에 그들은 나에게 좌경 판사가 아님을 입증할 서류로 학생증이 아닌 무엇을 요구하고 있는가? 과거에는 고작 학생증이었을지 모르지만 지금은 도대체 무엇을 제출해야 하는가? 정녕 부끄러움과 용기 사이에 고민하게 되는 나날이다.

# 자작나무

2009. 10. 21.

저는 자작나무를 직접 본 적이 없습니다. 별명으로 자작나무를 쓰는 것은 언젠가 산 엽서에 '날으는 자작나무'라는 제목이 붙어 있었기 때문입니다. 그래서 그냥 별명으로 삼았습니다.

며칠 전 가야산을 올랐다가 해인사에 들렀는데, 그 입구에 주목나무가 서 있더군요. 몇 백 년은 된 듯합니다. 중학교 친구가 그 나무를 가리키면서 주목나무 정도는 되어야지 자작나무가 뭐냐고 타박을 하더군요.

확실히 주목나무는 있어 보였습니다. 그러나 주목나무는 제가 별명으로 삼기엔 버거웠습니다. 몇 백 년을 자라는 나무, 너무 있어 보이는 외양 등이 제가 별명으로 삼기에는 무리였습니다.

  그럼 자작나무는 감당할 수 있다는 말이냐 물으신다면 할 말은 없지만.

## 하모니를 보고

2010. 2. 7.

영화 〈하모니〉를 봤습니다. 엄청 울었습니다.

줄거리는 단순합니다. 청주여자교도소 재소자들이 합창단을 만들어 상처를 치유하고 인간관계를 회복한다는 내용입니다. 주인공은 가정 폭력에 맞서 남편을 살해한 죄로 10년형을 선고받고 교도소에서 아들을 키웁니다. 그녀의 제안으로 합창단이 만들어집니다.

특히 저는 여교도관이 규정을 어기고 외부 병원에서 아들을 간호하려는 김윤진의 수갑을 풀어줄 때 엄청 울었습니다, 주체할 수 없을 정도로. 인사상 불이익을 감수하고 재소자를 배려하는 공무원에 대한 존경심일 수도 있고, 피고인들에게 저 정도 배려도 하지 못했던 자책감도 있겠지요. 죄수에게서 뉘우침을 빼앗지 말라던 어느 시인의 시구도 생각났습니다.

 죄를 인정하고 형을 선고하는 것은 판사의 몫이겠지만, 결국 뉘우치는 것은 피고인의 몫이겠죠. 피고인이 뉘우칠 수 있도록 기회를 주는 것, 그것 역시 판사의 책무가 아닐까 생각해봤습니다.

 뉘우침이 교화에 앞서는 것이고, 뉘우침은 사랑을 통해서만 이룰 수 있으며, 사랑은 스스로를 솔직히 드러내는 과정을 거친다는 점을 확인할 수 있을 것입니다.

 하모니는 합창단 속에서만 필요한 것이 아니라, 가해자와 피해자 사이에서도, 교도관과 재소자 사이에서도, 교도소와 이 사회 사이에서도, 어쩌면 존재하는 모든 것 사이에서도 필요한 것이 아닐까 생각해봤습니다.

 재소자들은 겉으로는 가해자로 등장하지만 속을 들여다보면 가정 폭력의 피해자, 성폭력의 피해자, 불륜의 피해자들이죠. 가해자와 피해자로 양분할 수 없는 만큼 그들 사이에도 하모니가 필요하다는 생각이 들었습니다. 하모니는 최소한 상대방이라는 존재를 인정하는 데서 출발하고 그들의 처지를 이해하는 것으로 고양되겠지요.

 재소자들은 전국합창대회에 특별 게스트로 출연합니

다. 그러나 그곳에서 오해를 받아 경찰관으로부터 알몸 수색을 당하는 장면, 재소자들에게 이제껏 냉정했던 방과장이 매우 흥분하며 경찰관에게 항의하는 장면이 나옵니다. 교도관이 재소자라는 인간의 존엄함을 인정하는 순간이죠.

우여곡절 끝에 청주여자교도소 합창단의 합창이 큰 호응 속에 끝나고, 그 과정을 통하여 사형수는 자녀를 만나고, 주인공은 교도소에서 아이를 키울 수 없어 입양 보냈던 아들을 만나고, 의붓아버지를 살해한 재소자는 의붓아버지의 아내 즉 자신의 어머니를 만납니다.

사형수가 사형 집행을 받으러 가다가 뒤돌아보는 것으로 이 영화는 끝나죠. 사형 제도가 필요한가, 질문을 던지는 것 같습니다. 그녀를 죽이지 않고서 그녀의 잘못과 이 사회의 방위 사이에 하모니를 이룰 수는 없을까 하고 말입니다.

감옥에 한 번도 가보지 못하고서 피고인들에게 합계 1천 년 이상의 형을 선고한 저를 비롯한 많은 법조인들이 한 번은 꼭 봤으면 하는 영화라서 어쭙잖은 감상평을 올립니다.

다만, 사형수는 교도소가 아니라 구치소에 수용한다는

점, 사형수는 구치소 내에서도 수갑을 채운다는 점이 제가 알고 있는 지식이고, 이 영화에서는 이와 어긋나는 설정이 있지만 그 점이 이 영화의 흠이 되지는 않음을 영화를 보시면 알 것입니다.

# 나이 먹는 일의 기쁨과 슬픔

2010. 2. 12.

모레가 설날이다. 설을 쇠면 마흔여섯 살이 된다. 불혹을 넘기고 지천명에 다가서는 나이다. 스스로를 돌아보면, 유혹에 흔들리지 않는 불혹이 아니라 남을 유혹하지 못하는 불혹이 되었을 뿐, 마흔 살을 넘긴 점만으로 깊어지거나 넓어진 것은 없다.

3년의 군 복무를 마치고 스물일곱 살에 판사가 되었다. 스물아홉 살에 소액 사건 단독 판사가 되었다. 그때는 모든 게 모자랐다. 우선 법을 잘 몰랐고, 남의 말도 잘 알아듣지 못했으며, 세상 물정에도 어두웠다.

그러나 열정만은 뜨거웠다. 판례를 찾고, 교과서를 읽고, 남에게 물었다. 야근도 밥 먹듯이 했다. 우여곡절은 있었지만 판사직을 그럭저럭 수행할 수 있었다.

세월은 흘러 이제 마흔여섯 살이 되고 법관 경력도 20년이 넘었다. 법도 조금 알게 되었고, 남의 말도 조금 알아듣게 되었으며, 세상 물정도 조금 알게 되었다.

그러나 나이는 그냥 먹는 게 아니었다. 대가를 치렀다. 열정이 예전 같지가 않고 도덕 수준도 낮아졌다. 야근도 별로 하지 않는다. 사건을 물고 늘어지지도 않고 모르는 사건이 있어도 남에게 묻지도 아니한다.

30대에 형사 단독 판사를 할 때 어느 지원장님이 하신 말씀이 생각난다. "30대가 되면 단독 판사로 판결할 수 있다" "부처님도 득도한 때가 30대였고, 예수님도 돌아가실 때가 서른세 살이었다."

그분의 말씀을 지금에 와서 풀어보자면 '세월의 부피가 아니라 세월의 무게가 중요하다. 그러니 나이의 적고 많음에 얽매이지 말고 세월의 무게를 체화할 수 있도록 고민하고 경험하여라'라는 뜻이 아닐까 생각해본다.

세상 물정에 밝으면서도 열정과 도덕성을 그대로 간직하며 나이를 먹을 수는 없을까? 설날을 앞두고 한 살 더 먹는 것이 즐겁기도 하고 두렵기도 하여 몇 자 적는다.

그러고 보니 생일이 이틀 남았다. 어릴 때 가난한 살림

속에서도 생일상을 차려주시던 그분은 떠나고, 아! 나도 어른이 되었나 보다.

# 책을 읽는 이유 세 가지

2010. 2. 16.

책을 많이 읽는 이유가 뭐냐는 질문을 받는다.

**무지를 극복하기 위해서다**

지방에서 고등학교를 다닐 때까지 고전을 읽은 적이 없었다. 서울에 있는 대학교에 들어가 보니 문화 충격이 이만저만이 아니었다. 사투리는 말을 안 하는 것으로 감출 수 있었지만 무지는 감출 방법이 없었다. '장 발장'이 《레미제라블》의 극히 일부에 불과하다는 사실도 알게 되었다. 그때부터 닥치는 대로 읽었다.

**무경험을 극복하기 위해서다**

판사가 되고 보니 사건을 이해하기엔 내 경험이 너무 좁고 얕다는 생각이 자주 들었다. 도대체 계약서도 작성하지 않고 거액의 거래를 하는 이유가 무엇인지, 잡히면 처벌받을 게 뻔한 일을 왜 되풀이하는지, 궁금한 게 한두 가지가 아니었다. 그래서 경험을 늘리려고 해보니 이 또한 걸리는 게 한두 가지가 아니었다. 당장 법관 윤리가 문제였다.

그래서 생각해본 것이 두 가지다. 지금은 언론사 사장이 된 어떤 분이 사법연수생이었던 나에게, 법조인이 되면 초등학교 동창생과 꾸준히 만나라고 당부했던 기억이 떠올라 초등학교 동창생을 만나기로 결심했다. 그때부터 지금까지 18년 동안 1년에 몇 회는 초등학교 동창생을 (때로는 부부 동반으로) 만났으니 어느 정도는 실천한 셈이다.

두 번째가 책을 읽는 것이었다. 장르를 구분하지 말고 이것저것 닥치는 대로 읽어보자 하였던 결심이 여기까지 나를 데려왔다.

**무소신을 극복하기 위해서다**

어릴 때부터 내성적이었다. 남녀 공학 중학교 시절 소풍을 가서 선생님의 권유에 노래를 불렀는데 가사를 까먹어 끝을 맺지 못할 정도로. 그때 불렀던 노래가 남진의 〈님과 함께〉였다. 고등학교 때는 교복이 중고라서 반장을 하지 못했다. 대학교 가서는 사투리 때문에 남 앞에 나서지 못했다.

이런저런 이유로 무슨 결정을 하려면 무척 어려웠다. 결정을 하고 나면 곧 후회를 하게 되고.

어느 날, 내성적인 이유가 소신이 없기 때문은 아닐까 생각했다. 군대에서 정훈장교를 하게 되었고 정훈장교 하는 일이 장병 교육이다 보니 남 앞에 서는 것에 대한 두려움도 어느 정도 해소된 뒤라서 그런 결론을 더욱 쉽게 내릴 수 있었다.

앞서간 사람들의 생각을 알고 그들의 생각과 내 생각을 서로 맞추어보는 과정을 통해 생각이 단단해져 소신을 갖출 수 있지 않을까? 그래서 사회 비판적인 내용을 포함해 많은 책을 읽게 되었다.

### 사족

"그 사람이 누구인지를 알려면 그 사람이 누구와 만나고 무슨 책을 읽는지 말해달라." 책에서 읽은 기억이 난다.

혼돈의 시기에 그나마 생존을 유지할 수 있는 것이 친구와 책 덕분이라 생각하니 이 글을 쓰는 감회가 남다르다. 모든 분들에게 책을 한번 읽어보시라는 말씀을 드리고 싶다.

# 블로그 방문객 10만 명을 기록하며

2010. 4. 8.

　방문객이 10만 명을 넘어섰습니다. 2006년 9월 재판 중 당사자가 억울함을 호소하였고 그 심정에 충분히 공감하였지만 당사자가 법률을 몰라 제때 대처하지 못함으로써 판사인 저 역시 당사자의 억울함을 해소하지 못하는 일을 겪고 나서, 짧은 법률 지식이라도 여러 사람과 공유해야겠다는 생각으로 블로그를 시작했습니다.

　우리법연구회를 좌편향의 사조직이라고 주장하는 측이, 제가 선의로 블로그에 올린 글을 그 주장의 근거로 삼을 때는 무척 곤혹스러웠습니다. 그러나 블로그를 통하여 26년 만에 중학교 동창생을 만났고, 인도 마누 법전을 번역하는 지식인을 만났으며, 우리법연구회 해체 요구에 굴복하지 말라는 국민을 만났습니다. 제겐 그것이 기쁨이고, 행운이고, 축복이었습니다.

결코 적다고 볼 수 없는 10만 명의 독자들에게 제 가슴 속에 있는 것을 드러낸 셈인데, 앞으로 그 말빚을 어떻게 다 갚을까 생각하니 걱정이 깊고도 넓습니다.

앞으로 어떻게 살겠다는 거창한 구호는 없습니다. 제가 여러분께 했던 말을 실천에 옮기고, 남을 비판할 때 썼던 그 잣대로 스스로의 삶을 돌아보겠습니다. 뭐가 되겠다는 생각을 버리고, 제가 한때 이곳에 있음으로 해서 단 한 사람의 삶이 행복해진다면 그것이 성공이라는 생각으로 살겠습니다.

딱 한 송이 목련꽃을 매달고 서 있는 부산지방법원 앞 정원의 목련나무를 보면서, 삶의 동반자인 여러분이 있어 견딜 수 있었고 그래서 지금 행복하다는 말씀을 드립니다.

# 취미 세 가지

2010. 4. 19.

**등산**

아침 6시 30분에 일어나면 화지산을 오른다. 해발 199미터 정상까지 다녀오면 40분가량 걸린다. 정상에는 'H' 표시가 있다. 헬리콥터 착륙 지점 표시겠지만 내게는 History의 약자로 보일 때도 있고, Honour의 약자로 보일 때도 있다.

집 앞 목욕탕에 가서 냉탕 1분, 온탕 1분, 되풀이해서 냉탕에서 마치는 냉온욕을 20분 정도 한다.

주말에는 한 달에 한 번쯤 중학교 동창생끼리 등산을 한다. '언저리산악회'라는 이름이 말해주듯 정상을 고집하지 않고 오를 수 있을 때까지만 오르고 내려온다. 식사는 산

속에서 도시락으로 해결한다.

그동안 가본 산들로는 무척산, 구만산, 가야산, 신불산, 가지산 등등이 있다. 산악회 회장을 맡은 친구는 아는 게 너무 많다. 논쟁하다가 말문이 막히면 "너의 지식은 네이버 지식이라 깊이가 없다"라는 식으로 방어를 하곤 하는데, 지금 생각하니 참 미안한 일이다. 친구에게, 네이버에게, 그리고 다음에게 미안하다.

**야구**
정확하게 말하면 야구는 개인 취미라기보다 가족 취미다.
우선 아들을 빼놓을 수 없다. 롯데자이언츠 선수들의 등번호, 출신 학교, 타율, 승수를 외울 뿐만 아니라 팀 순위도 수시로 정리한다. 공부하라고 말을 해도 듣지 않을 때 야구 한 시간 보여주겠다고 하면 공부하는 시늉은 한다.
요즘은 스포츠 신문 보는 것에 취미를 붙여 학원을 마치고 슈퍼에서 스포츠 신문을 사온다. 저녁 먹고 거실에 앉아 한 팔을 턱에 괴고(열한 살의 모습으로 상상이 가시는지?) 스포츠 신문을 보고 있다. 참 가관이다.
아내도 나도 야구를 좋아한다. 올해 야구장에 두 번 갔다왔다.

이 글을 보고 있을지 모르지만, 롯데자이언츠 투수진이 힘을 좀 냈으면 좋겠다. 아들이 가장 좋아하는 선수는 홍성흔 선수이고, 아내가 사 입은 유니폼에는 이대호 선수의 이름이 새겨져 있다. 내가 좋아하는 선수는 롯데자이언츠.

### 독서

독서가 취미라고 하면 밥맛이라고 할지 모르겠는데, 재미있는 책도 많다는 점, 잠이 안 올 때 어려운 책을 잡고 있으면 잠이 솔솔 온다는 점만 말해둔다.

### 사족

블로그와 트위터를 비롯한 온라인 활동, 부산판례연구회와 우리법연구회 같은 학회 활동, 초등학교 동창생과 한 달에 한 번 부부 동반으로 하는 계모임, 〈개그콘서트〉를 비롯한 코미디 프로그램 보기도 내 인생을 풍요롭게 하는 취미들이다. 여러분은 무슨 재미로 사시는지?

## 정겨운 세상 만들기

2010. 5. 1.

부산법원 자원 봉사 단체 '정겨운세상만들기' 3팀 봉사 활동을 다녀왔다. 열다섯 명 참여하였다.

부산고등법원 수석부장판사님의 제안에 따라 부산 강서구 대저2동 정관마을에 있는 토마토 농장에서 일손을 도왔다. 익은 토마토 따기, 곰팡이 먹은 토마토 솎아내기 작업을 두 시간 정도 하였다. 내일은 경매 시장이 열리지 않아 더는 작업을 할 수 없었다.

이곳 토마토는 '짭짤이토마토'라는 별칭으로 불릴 정도로 짭짤하고 맛이 좋았다. 종자가 따로 있는 건 아니고, 토질과 영농 기술의 차이라고 영농회 부회장님이 알려주셨다. 말씀을 워낙 잘하셔서 방송에서 본 것 같다고 넘겨짚

었더니, 아니나 다를까 TV에 몇 번 출연하셨다고 한다.

　이 동네는 정보화 마을 시범 단지로 지정되어 국가가 농가 및 마을회관에 컴퓨터와 인터넷을 공급해주었고, 인터넷으로 주문하면 4만 원에 5킬로그램짜리 짭짤이토마토 한 상자를 보내준다고 하였다. 집에 와서 아내에게 물어보니 토마토 중에서는 고급품이라고 알려주었다.

　작업이 끝나고 부근에 있는 중국집에 음식을 주문하여 점심을 먹었다. 영농회 회장님이 제공한 막걸리 '생탁'도 마셨다. 돌아가며 일어서서 소감을 말하는 시간에, 나는 준비되지 않은 연설은 하지 않는다는 소신에 따라 블로그에 소감을 올리겠다고 말하고 자리에 앉았다. 말하자면 지금 그 숙제를 하고 있는 중이다.

　봉사 활동에 참여한 회원들이 우리가 작업한 토마토 중 합계 열여덟 상자를 샀다. 이삭의집에 가져갈 토마토 네 상자도 포함되어 있다. 시간이 나는 회원 여섯 명이 작년에 봉사 활동을 하러 갔던, 부산 수영중학교 부근 이삭의 집에 들렀다.

　2학년이 된 태권도 특기생 강 군과 우리가 다녀간 뒤 검사가 되겠다는 꿈을 가지게 된 김 군을 만났다. 그사이 몸이 안 좋아진 아이들도 있었지만, 어쨌든 아이들은 커가고 있었다. 성장을 멈춘 어른들이 제법 많은데 아이들은 그렇게 커가는가 보다.

강 군은 친구 집에 가서 자고 온다며 원장님으로부터 용돈 2만 원을 받아갔다. 우리는 원장님이 요리해준 국수를 맛있게 먹었다.

이삭의집 원장님은 아이들 중에 몸이 아픈 아이가 있어 걱정이 많았다. 아이들을 키우며 겪은 이야기를 이것저것 하였다. 나는 아들 하나 키우기도 힘들 때가 많은데 아이 열여덟 명을 키우는 것이 어찌 쉽겠는가?

같이 갔던 부산고등법원 사무관님이 "주님이 알아서 해줄 것이다" 위로하였다. 나 역시 동감을 표하였다. 그렇게 착하게 살아가시는데 전지전능한 주님이 모른 척하시겠냐며….

원장님은 최근의 사례를 들어가며 아이들이 잘못된 길로 빠질까 봐 걱정을 많이 하셨다. 죄를 짓게 하고 나서 뉘우치라고 판결을 하는 내가 판사인가? 죄를 짓지 말라고 아이들을 사랑으로 보살피는 저분이 판사인가? 잠시 그런 생각을 하였다.

조만간에 원장님이 아이들과 함께 법원을 견학하기로 하고 우리는 헤어졌다. 적지만 매달 거둔 회비를 원장님에게 전달하였다.

주님! 착한 원장님과 아이들을 보살펴주십시오.

# 병원에서 절감한 비폭력 대화법

2010. 6. 12.

정기 검진을 받으려고 병원에 갔다. 진료를 기다리고 있던 중에 어떤 환자가 불만을 터트렸다.

"8시 30분부터 기다리고 있는데 9시 45분이 지나도 진료를 안 해주냐. 출근해야 한다. 진료 예약을 안 지키면 다른 병원으로 옮기겠다."

이에 간호사는 다음과 같이 답변하였다. "진료 예약은 9시 30분인데 환자분이 한 시간 일찍 오신 것이다. 의사는 입원 환자 회진을 마치고 외래 환자를 진료한다. 회진이 늦어지면 외래 환자 진료가 늦어질 수도 있다. 다른 병원에 가도 그러한 사정은 마찬가지다."

그 뒤에도 환자와 간호사 간에 위와 같은 취지의 고성이 두세 차례 오갔다. 《비폭력 대화》라는 책을 읽은 뒤라 두 사람의 대화를 분석하게 되었다.

환자는 진료 예약 시간이 지난 점과 자신에게 급한 사정이 있음을 병원이 알아주었으면 하는 욕구를 드러냈다. 그런데 간호사는 이러한 욕구에 대하여 공감을 표하지 않고 병원의 입장을 전달하는 것에만 급급하였으며 진료 예약 시간보다 일찍 온 환자에게 은근히 책임을 넘기는 듯한 발언을 하였다. 이 간호사가 다른 환자를 대하는 태도를 보면 평소 불친절한 간호사는 아니고 단지 대화법을 잘못 이해하고 있는 것 같았다.

비폭력 대화법을 적용해 간호사가 다음과 같이 답변하면 더 좋았을 것이다. "진료 예약 시간이 9시 30분인데 15분을 넘겨 죄송하다. 입원 환자 회진 때문에 그렇게 되었다. 의사가 오는 대로 가장 먼저 진료를 볼 수 있도록 해드리겠다."(예약 순서상 그 환자가 가장 먼저였다)

이 정도면 환자가 진료 예약 한 시간 전에 온 점을 은근히 주지하면서, 병원 사정에 대한 이해도 구하고, 앞으로 어떻게 하겠다는 계획도 말하는 셈이 되지 않을까?

일상의 대화에서 소통이 잘되려면 상대방의 입장에 공감을 먼저 표하고 의견을 달리하는 부분을 말하는 게 바람직하다. 상대방의 잘못만 부각하는 방법은 효과적이지 못한 것 같다. 즉 "Yes, But"이 "Not, Because"보다 낫다.

10시쯤 내 차례가 되어 의사를 만나니, 검진 결과가 매우 좋다고 하면서 진료가 늦었다며 양해를 구하였다. 사실 나는 진료 예약 시간 10시보다 30분 일찍 온 거라서 의사가 늦은 것도 아니었다.

여기까지 쓰고 보니 참 부끄럽다는 생각이 들었다. 내가 법정에서 재판을 할 때 대화 방법이 위의 간호사와 비슷하기 때문이다. 다만 《비폭력 대화》라는 책도 읽고 대화법을 고치려고 꾸준히 노력하고 있으며 희망을 버리지 않고 있다는 말만 덧붙인다.

돌아오는 차 안에서 안치환의 4집 중 〈너를 사랑하는 이유〉를 듣던 중 아무런 이유 없이, 평생 스승으로 모시고 있는 진주의 김장하 선생이 떠올랐고 나도 모르게 눈물이 흘렀다. 남들이 볼까 봐 바로 눈물을 훔쳤다.

# 책을 고르는 기준

2010. 6. 26.

책을 어떻게 고르냐는 질문을 종종 받는다.

**저자를 보고 고른다**

어떤 책을 읽고 감동을 받으면 그 저자가 쓴 책은 눈에 띄는 대로 사서 읽는 버릇이 있다. 예를 들면 고 장영희 교수의 《내 생애 단 한 번》을 읽고 《축복》 《살아온 기적 살아갈 기적》 《문학의 숲을 거닐다》를 읽는 식이다.

여기에 해당하는 저자는 다음과 같다. 신영복 교수, 정민 교수, 유시민 전 장관, 소설가 김훈, 오지 탐험가 한비야, 철학자 버트런드 러셀, 《열하일기》 전문가 고미숙 박사.

### 주제어를 보고 고른다

제목이나 문장을 검색하여 관심 있는 주제어가 들어간 책을 고른다. 요즘 즐겨 찾는 주제어는 다음과 같다. 정의, 소통, 성찰, 역사, 철학, 인생, 여행, 행복.

이런 기준으로 고른 책은 다음과 같다. 《정의란 무엇인가》《서양철학사》《인도 여행》《행복의 정복》《무지개 원리》《인생이란 무엇인가》 등등.

### 책 선택에 실패한 적은?

이런 기준으로 책을 골라 읽으면서 후회할 때가 제법 있다. 그러나 산 책은 다 읽는다. 재미가 없거나 이해가 되지 않는 책에 대하여는 독후감을 쓰지 않음으로써 복수를 한다. 블로그에 올린 책은 이중으로 검증을 거쳤다고 보면 된다. 지금껏 읽은 책은, 세어보지는 않았지만, 1천 권 정도 될 것 같다.

### 책을 고르는 장소는?

인터넷 서점에서 검색하여 고르는 경우가 많고 가끔 서점에 가서 고른다. 베스트셀러 항목과 새로 나온 책 항목을 많이 참조한다.

**블로그에 독후감을 쓰는 이유는?**

독후감을 쓰다 보면 책 내용을 정리하는 효과가 있고, 글쓰기 훈련이 되며, 블로그에 저장해놓으면 다른 글을 쓸 때 인용하기 쉽기 때문이다.

나쁜 사람은 있어도 나쁜 책은 없다. 어떤 책에서도 스승 또는 반면교사를 만날 수 있기 때문이다. 여러분께 독서를 권한다. 책이 여러분을 끌어올려줄 것이다.

# 추도식에 다녀와서

2010. 7. 25.

### 뭐가 되겠다는 생각을 버리는 순간

고 한기택 판사 5주년 추도식에 다녀왔다. 2010년 7월 24일 오전 10시 KTX를 타고 부산역에서 서울역까지 이동한 후 오후 2시 45분 서울중앙법원 정곡빌딩 앞에서 '한기택 판사를 기억하는 사람들'이 마련한 버스를 타고 오후 4시경 경기도 안성시 유무상통마을에 있는 하늘문에 도착하였다. 30여 명이 추도식 1부에 참석하였다.

추도식은 고인의 종교 의식에 따라 성경을 함께 읽고 김종훈 변호사가 추도사를 읽은 다음 참가자들이 고인에게 절을 하는 순서로 진행되었다.

김종훈 변호사는 "우리의 스승이자 벗인 한기택 판사가

우리 곁을 떠난 지 5년이 되었습니다"로 시작한 추도사에서 "나는 살 수도 있고 죽을 수도 있지요. 그러나 저는, 내가 뭐가 되겠다는 생각을 버리는 순간, 남들이 죽었다고 보건 말건, 진정한 판사로서의 나의 삶이 시작될 것으로 믿습니다. 내가 목숨 걸고 악착같이 붙들어야 할 것은 그 무엇이 아니라, 법정에 있고 기록에 있는 다른 무엇이라 생각합니다"라는 고인의 말을 인용하였다.

김종훈 변호사는 "고등학교 때에 가졌던 꿈은 절대 화를 내지 않는 사람이 되자는 것이었습니다. 화내지 않는 사람, 멋있을 것 같아서요"라는 고인의 말을 의식해서인지 "화를 내지 말아야겠지만 갈수록 화를 낼 만한 일이 늘어가고 화를 같이 풀 친구가 줄어드는 것이 아쉽다"라고 덧붙였다.

납골당을 둘러보다가 고 한기택 판사의 옆자리에 '예약'이라는 단어가 적혀 있는 것을 보았다. 무슨 의미일까? 누군가 납골당을 예약해두었다는 의미일까? 가족이 중병이 들어서 예약해두었다는 말인가? 아니, 우리는 어차피 죽는 것이 '예약'되어 있는 사람이 아닐까 그런 생각을 잠시 하였다.

### 현재의 사람들이 기억해야 역사가 된다

오후 4시 40분경 버스를 타고 서울 서초동으로 함께 이동하여 삼겹살집에서 저녁 식사를 겸하여 추도식 2부 행사를 하였다. 빠질 수 없는 것이 폭탄주다. 맥주 7에 소주 3 비율로 타서 '소폭'을 제조하였다.

연장자와 연소자가 짝을 이루어 마시는 방식이었고 돌아가며 폭탄사를 한마디씩 하였다. 나는 한기택 판사와 그 아들의 차이점을 세 가지 정도 열거한 다음("고 한기택 판사는 첫사랑과 결혼하였고 그 아들은 첫사랑과 헤어졌다" 등등) 다음과 같이 마무리하였다.

"과거의 일이 역사가 되는 것은 아니다. 현재의 사람들이 기억할 때 그것은 역사가 된다."

돌아가신 지 5년이 지나도 40여 명을 한자리에 모으는 한기택 판사의 힘은 무엇일까?

여럿이 만나면 헤어지기 싫어하는 사람이 꼭 있는 법이다. 또다시 노래방으로 옮겨서 장년방, 청년방으로 나누어 놀았다. 유난히 술을 많이 마셨다. 마치 술을 많이 마시면 한기택 판사가 부활한다고 믿는 사람들처럼….

**의미 없는 소멸이 두려운 것이다**

오후 10시 30분 서울역에서 KTX를 타고 부산역으로 내려왔다. 집에 도착하니 오전 2시였다. 오전 9시에 집을 나서 오전 2시에 집에 돌아왔으니 몸이 매우 피곤하였지만 잠이 쉽게 오지 않았다.

트위터에 자살을 예고한 사람이 있다는 다른 사람의 글을 보고 다음과 같은 글을 트위터에 남겼다.

"지금 자살을 생각하시고 계신 분이 있다면 한 번만 더 생각해주십시오. '자살자살자살…' 이렇게 열 번만 외치면 어느 순간 '살자살자살자…'로 들릴 것입니다. 실패가 다 나쁜 것은 아닙니다. 자살에 실패하면 사는 것입니다. 당신이 떠나고 나면 당신을 붙잡지 못한 미안함에 며칠을 울어야 할 사람이 있을지도 모릅니다. 보고 싶어 또 울지도 모릅니다. 당신의 자살은 당신이 떠난 후 남은 이들에게 감당할 수 없는 상처입니다."

어머니와 함께한 해외 여행에서 심장 마비로 돌아가신 분의 추도식에 참석하고 돌아온 날, 트위터에 자살을 계획하고 있는 사람에게 글을 남긴 이유는 무엇이었을까?

사고로 죽건 자살로 죽건 인간은 소멸을 피할 수 없다. 그러나 세상이 나에게 삶을 주었으므로 내 삶의 의미를 세상에 돌려주는 게 마땅할지도 모른다. "인간에게 두려운 것은 소멸이 아니라 의미 없는 소멸이 아닐까?"(안상헌, 《생산적인 삶을 위한 자기발전 노트 50》)

# 홋카이도를 다녀와서

2010. 11. 10.

**여행은 잊는 것이다**

선거관리위원회 사람들 일곱 명과 3박 4일 일정으로 일본 홋카이도 여행을 다녀왔다. 일정을 맞춰보려고 몇 개월을 늦추었으나 불가피한 사정으로 결국 세 명이 빠진 상태에서 여행을 떠나게 되었다. 여행을 다녀오고 보니 빠진 분들께 미안한 생각이 들었다. 한마디로 재미있었다는 얘기다.

홋카이도는 여름 여행을 추진했을 때 후보지였으나 단풍도 없고 눈도 없는 이 계절에 왜 그곳으로 가냐는 일부 의견을 무릅쓰고 고수했는데, 결론적으로 말하면 단풍도 보았고 온천도 즐겼다.

오후 2시에 김해공항을 출발하여 오후 4시 15분에 치토세 삿포로공항에 도착하였다. 첫 관광지는 오도리공원이었다. 시내 한복판 도로 중앙에 만들어놓은 공원이 부러웠다. 겨울에 눈꽃 축제가 열리는 곳이라고 한다. 공원 산책 중에 까마귀 떼가 원을 이루며 날아다녔다. 일본에서는 까마귀가 길조라는 설명을 듣고 안심했다.

홋카이도는 위도가 함경북도에 해당하고 경도가 우리보다 오른쪽에 위치하여 해가 일찍 저물었다. 5시가 되니 주위가 어두웠다. 코라쿠엔호텔에 여장을 풀었다. 저녁을 먹고 술 한잔하려고 주위를 둘러보았으나 찾기가 힘들었다. 오가는 사람도 없었다.

한 바퀴 돌고 난 다음 선술집에 들러 맥주와 사케를 마셨다. 안주도 이것저것 먹었다. 9,200엔 정도 나왔다. 같은 일정으로 여행 중이던 김해팀의 초청을 받아 숙소에서 펼쳐진 술자리는 참으로 유쾌했다. 하수오로 담은 술에 결정타를 입고 술자리를 마쳤다. 책도 만들어야 하고 재판도 해야 하지만 모든 것을 잊고 잤다.

**여행은 기억하는 것이다**

둘째 날은 홋카이도 구청사부터 찾았다. 신청사로 옮기

고 구청사는 관광 상품으로 내놓은 것이다. 구청사 건물에 전시관을 만들고 아름다운 연못과 나무들은 그대로 두었다.

북해도는, 내각에 북해도개척 장관을 만들어 추진한 이주 정책에 따른 곳이다. 도시 계획에 따라 삿포로시(인구 180만 명, 5대 도시)가 건설되었으며 그 때문에 도로도 반듯하고 건물도 잘 정돈되어 있었다. 지금은 도지사가 다스리는 지자체가 되었다. 단풍이 비치는 연못을 유영하는 오리의 모습이란….

부산지방법원 청사를 부민동에서 거제동으로 옮기며 구청사 부지를 매각했다. 부산광역시가 그 부지를 사서 공원으로 만들었으면 어땠을까 하는 생각이 들었다. 한국전쟁 당시 임시 수도 청사로 사용했던 건물도 있고 조경이 잘되어 있어 보존 가치는 있었다고 생각한다.

아사히맥주 공장으로 옮겨 회사를 홍보하는 동영상을 보았다. 아사히맥주의 우수성을 강조하고 회사가 환경을 보존하기 위하여 수풀을 조성하고 재생 에너지를 쓰고 있다는 내용이었다. 전날 음주가 결코 모자라지 아니하였음에도 아사히가 제공하는 공짜 맥주를 거절하기는 어려웠다. 예의도 아닌 것 같고.

다음 행선지는 노보리베츠 시대촌이다. 에도 시대 촌락을 재현해놓은 곳이다. 닌자의집과 오히란쇼가 눈길을 끌었다. 닌자의집은 귀신의집 정도로 보면 된다. 기울어져 있는 곳으로 걸어가면 중심을 잡을 수가 없고, 미로처럼 길이 나 있어 헤매기 십상이었다. 닌자의집에서 어지럼증을 같이 겪은 일본 여인은 나에게 악수를 청했다. 고난을 같이한 인류애를 느껴 기꺼이 응했다.

오히란쇼는 쇼군에게 게이샤가 접대하는 장면을 재현했다. 일행 중 김 계장님이 가위바위보에서 대만인을 포함한 경쟁자 세 명을 물리치고 쇼군으로 뽑혔다. 의자에 앉은 채 거들먹거리다가 게이샤가 "사시미 사주세요" "기모노 사주세요" 하면 호기 있게 "오케이" 하는 건데, 연기를 너무 잘해 관중의 반응이 뜨거웠다. 공연이 끝나고 나서는 미리 받아둔 네모난 종이에 동전 200엔을 싸서 무대로 던졌다. 스토리의 위력을 실감하였다. 우리 관광지도 스토리가 필요하다.

지옥의계곡을 구경하였다. 기독교를 탄압하는 곳이었다 한다. 십자가 밟기를 통하여 신자들을 가려내고 100도가 넘는 온천에 빠트려 죽였다고 해서 '지옥의 계곡'이란다. 100도가 넘는 온천 여기저기에서 수증기가 올라오고 있었다. 묵었던 타키모토칸 노천탕에서 보면 지옥의계곡이 한눈에 들어오고 그 위로 까마귀가 날았다. 다음 날 새벽에 일어나 온천욕을 한 번 더 하였다.

이날 밤에는 우리 팀이 주관하는 술자리가 벌어졌다. 31게임, 눈치게임을 하면서 벌칙으로 술을 마셨다.

셋째 날 여행은 비가 오는 속에서 진행하였다. 유람선을 타고 도야호수를 둘러볼 때도 안개 때문에 잘 볼 수 없었다. 호수 가운데 용암이 분출되어 만들어진 산이 섬처럼 떠 있었다. 부근에 비지터센터가 있었다. 그 건물에도 태양광 시설, 풍력 시설이 설치되어 있었다. 케이블카를 타고 올랐으나 안개로 우스산을 볼 수 없었다.

다만 여기서 케이블카를 기다리는 동안 자작나무를 처음 본 것은 소중한 경험이었다. 자작나무란 필명을 가진 사람이 일본에 와서 자작나무를 처음 보다니….

쇼와신산 사이로 전망대도 제대로 볼 수 없었다. 이동하는 관광버스 안에서 가이드 선생이 중세 시절 일본 지도자 세 명의 리더십을 소개하였다.

"두견새가 울지 아니하면 어떻게 할 것인가"라는 질문을 먼저 던져놓았다. 오다 노부나가는 울지 아니하는 두견새를 죽이고, 도요토미 히데요시는 무슨 수를 써서라도 두견새를 울리며, 도쿠카와 이에야스는 두견새가 울 때까지 기다렸다. 결국 도쿠카와 이에야스가 권력을 쟁취하여 에도 시대를 열었다고 하였다. 지금은 어떤 지도자가 필요할까? 두견새를 사랑하는 지도자가 필요하지 아니할까?

여행은 기억하는 것이다. 이 선배는 의자를 오브제로 하여 사진을 찍었다. 자기 전에는 낮에 찍은 사진을 감상하였다. 그 모습이 아름다워 보였다.

호텔에서의 마지막 저녁이라 우리 팀은 객실에 모여 여행을 평가하는 시간을 가졌다. 여행에 모두 만족하였고, 선거관리위원회를 그만두더라도 이 모임을 계속 이어가자 하였다.

니세코빌리지힐튼호텔은 24시간 노천탕이 운영되고 있다. 하늘을 위로 하고 편백나무를 옆으로 하여 사색에 젖는 호사를 누릴 수 있었다. 다음 날 새벽에도 온천욕을 즐겼다.

**여행은 다시 시작하는 것이다**

넷째 날도 비가 오는 속에서 시작하였다. 니세코밀크공방을 지나 오타루운하를 둘러봤다. 하역이 용이하도록 바다를 일부 매립해 운하를 만들었지만 지금은 물자를 실어 나르지 않고 관광 상품으로 기능하고 있다. 운하 양쪽의 창고들도 음식점으로 개조하여 쓰고 있다. 쓰레기통이 따로 설치되어 유난히 눈에 띄는 우리나라와 달리 쓰레기 버리는 곳이 조형물의 일부라는 것이 인상적이었다.

이동 중에 가이드 선생에게 일본이 한국보다 나은 것이 무언지 물었더니, 시간과 질서 의식이라는 답이 돌아왔다. 일본은 오래전부터 기후 변화에 대비한 에너지 정책을 쓰고 있다. 주택용 목재는 대부분 수입하고 국내 삼림을 키우고 있으며 곳곳에 태양광 시설, 풍력 시설을 건설하였다. 메이지유신 이래 꾸준한 교육을 통하여 질서 의식을 형성하였다고 한다.

키타이치가라스마을에서 유리 공예를 구경하였고 오르골 두 개를 샀다. 이 보석함을 열면 음악이 흘러나온다. 귀국하면 틀림없이 "부부가 외국 여행 한 번 안 한 집은 우리 집밖에 없다" 넋두리할 아내를 위하여, 또 하나는 여행 경비를 보태주신, 아내의 어머니를 위하여.

아들에게 선물할 초콜릿이라도 하나 사라고 주위에서 권유하였으나 마땅한 게 없어 사지 않았다. 다음 날 공항까지 마중 나온 아들이 서운해하는 것 같아서 한국 돈 1만

원과 일본 돈 100엔을 주었다.

귀국할 때는 같은 거리인데도 비행 시간이 더 걸렸다. 역풍을 안고 비행을 해야 하므로 통상 35분을 더 잡는다고 하였다. 역풍은 순풍보다 어렵다.

집에 돌아오니 아내는 숙제도 안 하고 놀자고 하는 아들을 타박한다. 아! 며칠 쉬었으니 다시 시작해야지…. 여행이란 돌아갈 집이 있을 때 진정한 여행이 되는 것이고, 그렇지 않다면 방랑이겠지.

(당연한 이야기지만 비용은 각자 부담하였고 연가를 이용하여 다녀왔다. 내가 위원장으로 있을 때 국회의원 선거 및 구청장 선거에서 국민의힘 계열 후보가 선출되었다.)

# 왕후박나무

2011. 4. 1.

　남해군법원 다녀오는 길에 경남 남해군 창선면 왕후박나무를 만났습니다. 500년 이상 되었다고 합니다. 둘레에는 동백나무가 꽃을 피우고 있었습니다. 후박나무는 녹나무과에 속합니다. 주로 방풍용으로 많이 심는다고 합니다. 남해군 창선면에 있는 왕후박나무는 천연기념물 제299호로 지정되어 있습니다.

　왕후박나무는 높이 솟구치지 않고 옆으로 퍼져 있었습니다. 그래서 바람 부는 바닷가에서도 500년을 버틴 게 아닐까 생각해봤습니다. 그렇다면 이 나무는 알고 있는 것 같습니다. 자신을 낮추는 것이 자신을 높이는 가장 쉬운 방법이라는 것을 말입니다.

조영남의 노래가 있죠. 〈겸손은 힘들어〉. 그렇죠. 겸손은 힘듭니다. 공자 이래 2천 년 동안 성현들은 겸손을 이야기했습니다. 그러나 아직도 겸손한 사람은 그렇지 않은 사람보다 적습니다.

# 망진산을 오르며

2011. 4. 10.

집 뒤 망진산에 올랐다. 숲속에 두 갈래 길이 있었다. 연암공업대학 입구에 이르는 먼 길은 다음에 가기로 하고 석류공원으로 가는 가까운 길을 잡았다.

벚나무와 목련나무는 벚꽃과 백목련을 피우고 있었다. 새들은 저희끼리 재잘거렸다. 벚꽃과 백목련 중 어느 것이 더 아름다운지는 말할 수 없었다. 아름답고 추한 것만 알 뿐.

누각에 올라 남강을 바라보니 갚아야 할 빚은 망진산같이 쌓여 있는데 또 다른 은혜가 햇살처럼 내려오고 있었다. 산을 오르는 노인에게 인사를 하고서 복숭아꽃처럼 생긴 꽃을 가리키며 무슨 꽃이냐고 여쭈었다. 그는 눈이

침침해서 잘 모르겠다고 하였다. 그러면서도 그 옆에 있는 꽃은 목련화라고 알려주었다.

나의 행복이 남의 불행에 관계한다면 나는 기다릴 것이다, 그가 행복할 때까지. 나의 행복이 남의 행복과 무관하다면 나는 기다릴 것이다, 우리가 연결될 때까지. 나의 행복이 남의 행복으로 이어진다면 나는 맘껏 누릴 것이다.

(며칠 후 아침에 망진산 정상을 다녀왔다. 여전히 벚꽃과 백목련 중 어느 것이 더 아름다운지는 말할 수 없었다.)

# 시외버스를 탈 때
## 주의할 사항

2011. 7. 11.

새벽 5시 40분에 일어났다. 진주에 가기 위해서다. 사정이 있어 오늘은 시외버스를 탔다. 서둘러 시외버스 정류장에 도착하니 6시 3분. 그런데 사람들이 줄을 서 있었다. 6시 20분 출발 시각까지 여유가 있는지라 버스표 사고, 화장실 다녀오고, 스마트폰으로 인터넷도 하였다.

17분쯤 시외버스를 타려고 건물에서 나와 도로 쪽으로 나갔더니 어디선가 들려오는 목소리. "이거 진주 가는 줄이에요?" 아뿔싸, 그 줄이 진주 가는 줄이었구나.

서둘러 줄을 섰다. 곧이어 시외버스가 왔다. 그런데 바로 내 앞사람 앞에서 좌석이 끊겼다. 지금부터는 입석이니 알아서 하라고 한다. 어쩌나, 출근 시간을 지키려면 이

버스를 탈 수밖에….

서서 가니 불편했다. 시간이 지나니 다리가 아팠다. 시외버스 정류장에 도착해서 사람들이 줄을 지어 서 있을 때 무슨 줄이냐고 물었어야 했다고 후회를 하며 나의 무경험과 눈치 없음을 탓하였다.

다리가 아파서 방법이 없나 하고 두리번거리는데 내 눈에 들어온 건 선반에 있는 ○○일보. 어찌나 반가웠는지. 신문지를 바닥에 깔고 그 위에 앉았다. 순간 고통이 사라졌다. 좌석보다는 불편했지만 아픔이 가신 것만 해도 어디냐.

개양에서 내려 택시를 타고 진주 집에 도착하니 8시 10분. 머리 감고 빵 먹고 옷 갈아입고 법원에 도착하니 9시 3분.

오늘도 배운다. 시외버스 정류장에 사람들이 줄을 지어 서 있으면 일단 줄을 서고 어디 가는 줄인지 물어보아야 한다.

## 우포늪 반딧불

2011. 9. 6.

 오늘 진주지원 사람들 여덟 명과 경남 창녕 우포늪을 다녀왔다. 먼저 쪽지벌에 가서 중대백로를 보았고, 왕버들을 보았다. 왕버들이 드리운 그늘에 캠핑을 하러 오면 좋겠다는 이야기를 나누었다.
 차로 이동하여 우포에 도착하였을 때는 해가 이미 져버렸다. 우포에서 석양을 보려던 계획은 포기하고 제방을 걸었다. 얼마쯤 걷다가 돗자리를 깔고 앉아 도시락을 먹었다.
 달이 떠 있었고 수많은 별이 빛났다. 상현달인지 하현달인지 구별하는 여러 가지 방법을 논하다가 D-O-C 순서라는 대답이 채택되어 달이 D 모양이므로 상현달이라고 결론을 내렸다.

반딧불을 보자는 요구가 많아 탐방로를 따라 걸었다. 가는 도중에 안도현의 시 〈강〉("너에게 가려고 강을 만들었다")을 읊는 사람, 정지용의 〈향수〉를 읊다가 노래를 부르는 사람 등 제각각이었다. 감흥이 노래로 옮겨붙자 누군가 〈오빠 생각〉을 부르기 시작했다. 한 사람이 시작한 노래는 이내 합창으로 발전하였다.

반딧불이 한 마리를 발견하고 일행이 탄성을 질렀다. 반딧불이는 풀 속 여기저기에서도 빛났다. 손으로 반딧불이 한 마리를 잡기도 하였다.

여럿이 모이면 시끄러운 법이다. 중대백로를 보고서 고대백로는 어디 갔냐고 우스개를 하는 사람. 소대백로는 어니 샀냐고 응수하는 사람.

우포늪에서 세 시간을 보내고 집에 돌아오니 11시였다.

자연이 먼저였고 사람은 나중이었다. 인간은 자연의 일부일 뿐 자연의 주인이 아님을 우리는 잘 알고 있다. 우포늪에서 우리는 그 사실을 가슴속에 각인하였다.

# 지리산의 일출

2011. 10. 9.

**법계사 목침**

진주지원 사람들 일곱 명이 지리산 등산에 나섰다. 퇴근 무렵에 택시를 타고 중산리에 도착하여 법계사로 출발하였다. 두 시간 만에 법계사에 도착하였다. 정○○는 너무 큰 헤드랜턴을 쓰고 있어 독일 광부 같았다. 그는 언제나처럼 해맑게 웃었다. 달은 아름다웠고 별은 빛났다.

법계사에 여장을 풀고, 차려주시는 저녁을 먹었다. 나물로만 구성된 음식은 화려하고 맛있었다. 31게임으로 뽑힌 두 명이 설거지를 하려고 했지만 보살님들이 극구 말려 실행하지는 못했다. 방으로 돌아와 다시 게임을 하였다.

신분이 높건 낮건, 나이가 많건 적건, 인간은 누구나 유희를 즐기는 존재라는 것을 나는 안다. 일행 중에는 환갑을 앞둔 분도 있었지만 나이는 걸림돌이 되지 못하였다.

8시쯤에 법계사 주지 관해스님이 방에 찾아오셔서 녹차를 주셨다. 왜 지리산이 민족의 영산이라고 불리는 줄 아느냐고 운을 떼셨다.

첫 번째 이유. 백성에게 삶을 제공하였다. 문익점 선생이 원나라에서 목화씨를 가져와 백성에게 따뜻한 무명옷을 준 곳이 산청이고, 유의태 선생이 허준 선생을 가르치고 백성에게 의술을 베푼 곳이 산청이며, 백성에게 녹차를 처음 제공한 곳이 하동인데, 이곳들 모두 지리산 품에 있다.

두 번째 이유. 지리산을 걷다 보면 지혜의 눈이 열린다. 모든 문제는 나에게서 비롯되므로 그 해결 역시 내 마음을 바로잡는 데 있다.

법계사는 우리나라에서 가장 높은 곳에 있는 절이라고 한다. 1,450미터 높이 고지에 있다.

다음 날 일정을 생각해서 11시쯤 잠자리에 들었지만 나그네는 잠이 오지 않았다. 한 방에 모인 일행이 수시로 들락날락하는 소리도 거슬렸지만 무엇보다 걸리는 것은 목침이었다. 목침을 베니 아파서 잠을 깊게 잘 수 없었다.

다음 날 들어보니, 정○○은 목침을 요 밑에 깔았더니 잘 만했다는 것이었다. 아! 문제를 회피하는 사람과 문제를 해결하는 사람의 차이는 불면과 숙면이었다.

**천왕봉 일출**

3시 30분 알람을 설정해둔 김○○의 휴대전화는 울리지 않았다. 4시 예불 종소리를 듣고 이○○이 일행을 깨웠다. 법계사에서 마련해준 주먹밥을 들고 서둘러 천왕봉으로 향했다. 6시경 천왕봉에 도착하였다.

해는 쉽게 떠오르지 않았다. 나온다, 나온다, 열 번을 해야 아이가 나오듯이, 나올 듯 나올 듯 열 번을 한 뒤인 6시 20분쯤 지평선 위로 우리의 해가 떠올랐다. 천왕봉에 있던 수십 명이 환호를 질렀다.

우리 일행 중에는 천왕봉 일출을 처음 보는 사람이 많았다. 나는 세 번째 일출을 보았다. 우스갯소리로 3대째 죄가 없어야 천왕봉 일출을 볼 수 있다고 했다. 그럼 나는 도대체 몇 대째 죄가 없다는 말인가?

하산길은 논란 끝에 계곡 방향으로 잡았다. 여름철에 큰 비가 온 탓에 하산이 힘들었다. 당초 다섯 시간으로 예정했으나 여덟 시간 30분이 걸렸다. 아침 4시에 나서서 하산하니 오후 3시 30분이었다. 무려 열한 시간 30분이나 산속에 있었던 셈이다.

수백 년 된 주목나무를 보게 된 것은 고행 속의 행운이었다.

### 추성결의

함양군 마천면 추성리 식당에서 막걸리를 마셨다. 천왕봉 일출을 보았다는 성취감에, 열한 시간 30분을 헤맸지만 무사히 도착했다는 안도감에, 나는 막걸리를 벌컥벌컥 마셨고 막걸리도 스스럼없이 나를 받아주었다. 정○○는 지리산 천왕봉을 처음 오른 날 일출을 보았다고 감격스러워했다.

누군가 말했다. "생고생을 하며 천왕봉 일출을 보았다. 법원 생활 하는 동안 웬만한 어려움은 이 정신으로 극복하자." 누군가가 이어 말했다. "추성결의를 하자는 거냐?"

지금 나는 무릎이 아프고 특히 계단을 오를 때 통증을 많이 느끼는 상태다. 그러나 내 마음은 통증이 전혀 없는 상태다.

# 영축산의 평안

2011. 11. 6.

### 언저리산악회

중학교 동창생끼리 언저리산악회라는 단체를 만들어 산행을 한 지도 몇 년이 흘렀다. 이름은 정상을 고집하지 아니하고 산언저리에서도 언제든 산행을 멈출 수 있다는 뜻에서 정 회장이 붙였다.

그동안 무척산, 금정산, 구만산, 가지산, 적석산 등등을 올랐지만 단체 이름대로 정상을 고집하지 않고 서너 시간 산행하고 도시락 먹고 내려오는 수준이었다.

### 기상청 예보와 운에 대한 확신

11월 5일 날짜만 정하고 나머지 모든 일정은 회장이 정했다. 장대비가 온다는 예보가 있었음에도 회장은 무조건 모이라고 하였다. 평소 날씨 때문에 산행을 하지 못한 적이 없을 정도로 운이 좋았던 우리는 기상청보다는 회장을 믿기로 하였다.

9시 부산 강서체육공원에서 일행이 1차로 모였다. 날씨는 흐렸다. 차를 타고 양산 배냇골로 이동하였다. 거기서 일행이 2차로 합류하였다. 날씨는 차츰 맑아지고 있었다.

회장은 오늘의 목적지를 발표하였다. 영축산(영취산). 통도사 뒷산이다. 영남알프스 중 하나로 해발 1천 미터가 넘었다. 영축산은 물이 많은 산으로 산행 처음부터 끝까지 물소리를 들을 수 있었다.

### 세 가지 소리

청수골 좌골로 해서 억새평원을 지나 정상에 오르고 신불재로 내려와 파래소폭포 쪽으로 하산하는 길을 택했다. 정 회장이 특유의 박학다식을 뽐냈다. 생강나무를 가르쳐 주었다. 잎에서 생강 냄새가 난다고 그렇게 이름 붙였단다. 그리고 굴참나무, 졸참나무, 신갈나무, 떡갈나무를 구분할 수 있냐고 물었다.

굴참나무는 우리가 굴밤나무라고 부르던 나무였고 그

것보다 잎이 적은 것이 졸참나무이며, 신갈나무는 신 깔창으로 사용했다고 해서 붙인 이름이고, 떡갈나무는 떡을 쌌다고 해서 붙인 이름이라고 하였다. 그래서 신갈나무가 떡갈나무보다 잎이 크다고 설명하니 일행 중 한 명이 떡을 싸는 잎이 신발에 까는 잎보다 크다고 이의를 제기하였다.

계곡의 물소리, 낙엽 밟는 소리, 그사이에 섞인 산행객들의 말소리를 들으며 나는 평안을 얻었다.

### 평안

두 시간쯤 올라 억새평원에서 점심을 먹었다. 그 옆에 샘이 있었다. 정 회장이 싸온 삶은 오징어가 별미였다.

한없이 펼쳐진 억새 위로 파란 하늘과 하얀 구름이 떠 있었다. 억새 사이로 걸어가는 내 마음은 필요 최소한만 남고 다 비워진 상태였다. 신불재에는 캠핑 텐트를 치고 있는 사람들이 제법 있었다. 하산하니 오후 4시 30분이었다. 여섯 시간 산행을 한 셈이다.

배냇골 식당에서 메기탕을 먹으면서 소폭(소주+맥주)을 몇 잔 하였다. 산이 있어 좋았다. 친구가 있어 좋았다. 산과 친구를 찾는 내 마음이 고마웠다.

## 안치환 주간

2011. 12. 18.

송년 콘서트에 다녀왔다. 장은아, 유심초, 남궁옥분, 추가열도 좋았지만 맨 마지막에 나온 안치환이 가장 뜨거운 반응을 얻었다. 〈내가 만일〉〈사랑하게 되면〉〈광야에서〉〈사람이 꽃보다 아름다워〉〈위하여〉〈오늘이 좋다〉를 들었다.

24년 만에 처음으로 콘서트장에서 그의 노래를 들었다. 나만 듣기가 아까워 보관하고 있던 안치환 노래 전부를 블로그의 배경음악으로 올렸다. 방문객의 다양한 취향을 고려하여 기간은 딱 일주일, 즉 크리스마스이브까지만 재생할 참이다. 〈개그콘서트〉를 보고 한 주를 마무리한다.

## 코리아를 보고

2012. 5. 6.

이 영화를 선택한 건 하지원이 주인공으로 나오기 때문이다. 어린이날 선물이 부실했다는 아들을 달래려고 아들이 볼 수 있는 영화를 골라야 하는 사정도 고려가 되었다.

1991년 4월 일본 지바에서 열린 세계탁구선수권대회에서 남북 단일팀 코리아가 우승했다. 이 영화는 합숙 훈련부터 우승까지 46일간의 이야기다.

단일팀 코리아가 우승을 차지한 후 축하연을 앞두고 북한 팀이 숙소를 떠나는 길에서 남북 선수들은 서로 부둥켜안고 운다. 주인공 하지원은 아버지로부터 받은 반지를 배두나에게 끼워준다(통절한 울음이 솟구치는 것을 보고 이별은 슬프다는 것을 다시 한번 확인한다).

어디까지가 허구이고 어디까지가 사실인지 모르겠다. 처음에는 문화가 달라 사사건건 부딪치다가 그 과정에서 정이 들고 속내를 알게 되어 화학적으로 한 팀으로 결합하여 우승한다. 남도 북도 중국을 이기지 못했지만 남과 북이 한 팀이 되어 중국을 이긴다.

통일이 되었으면 좋겠다. 끊어진 민족사를 복원하고 살아 있으면서도 만나지 못하는 이산가족의 아픔을 달랬으면 좋겠다. 북한이라는 새로운 시장이 열리고 새로운 노동력이 생기므로 통일이 되어야 한다고 생각해도 괜찮다.

통일 비용이 막대하다는 이유로 통일에 소극적인 사람에게, 통일 비용은 계산 가능한 것으로 구성되어 있어 짐작이라도 할 수 있지만 분단 비용은 계산할 수 없는 것이 많은 만큼 생각보다 더 막대할지 모른다는 말을 해주고 싶다.

이 영화를 볼 때는 조심해야 한다. 많이 울어 눈이 부을지 모르니 적당한 사람과 함께 보시라.

# 목련

2012. 6. 29.

### 나무

나무를 좋아한다. 나무는 언제든 그 자리에 있기 때문이다. 내가 잠시 그 존재를 잊을 때나 그를 찾을 때나 항상 그 자리에 있기 때문이다. 나무는 항상 변하기 때문이다. 계절마다 다르고 해마다 다르기 때문이다.

어떤 사람들은 동물을 좋아하던데 나는 별로 관심이 없다. 어릴 때 소나 닭 같은 가축들이 집 마당에서 자랐고 그 때문에 많이 불편했던 경험이 있기 때문이리라.

### 목련

목련은 그냥 좋았다. 처음 볼 때도 좋았고 지금도 좋다.

자목련보다는 백목련이 좋다. 그래서 20년 전 지리산 형님 집 마당에 백목련 두 그루를 심었다. 처음에는 나란히 심으려다가 내년에도 심을 텐데 싶어 왼쪽 끝에 한 그루, 오른쪽 끝에 한 그루 심었다. 그런데 그게 마지막이었다.

해마다 그 집에 들렀지만 목련나무에는 별 관심을 두지 않았다. 작년쯤인가 우연히 그 목련을 보았더니 키가 5미터나 훌쩍 커버려 심은 사람조차 나무를 알아보지 못할 정도였다. 마치 자기보다 커버린 아들을 보는 중년 아버지의 심정이었다.

작년 진주지원에 근무할 때 강이 그리운 날은 남강변을 뛰었고 나무가 그리운 날은 망진산에 올랐다. 망진산에도 백목련이 피어 있었다. 벚꽃과 함께 피었는데 어느 것이 더 아름다운지는 말할 수 없었다. 목련은 진주지원 관사 화단에도 피어 있었다. 스마트폰으로 목련나무를 찍어 함께 근무했던 김 판사에게 보내며 당신을 닮은 것 같다 하였더니 좋아하였다.

**수목장**

장례 문화에 관하여 많은 논의가 있어왔다. 눈여겨보고 있는 것이 수목장이다. 화장을 한 다음 그 재를 즐겨 찾던

나무의 뿌리에 뿌리고 나무 줄기에다가 죽은 사람을 기록한 작은 표찰을 하나 걸어두는 식이다. 인간은 자연에서 태어났으니 자연으로 돌아간다는 뜻이다. 표찰이 삭아 떨어질 무렵 사람들의 기억 속에서 사라지는 것도 괜찮을 것 같다.

아! 그럼 나무의 수명은 얼마나 될까? 나무도 태어났으니 죽을 것이고 그것이 자연의 속성이겠구나. 죽은 사람에 대한 기억이 사라지고, 나무가 사라지고, 사라진 그 자리에 나무가 새로이 자라고….

## 생강나무

2012. 7. 4.

　생강나무는 친구 정모가 가르쳐주었다. 작년 가을 영축산을 등산했을 때다. 그때 친구의 지시에 따라 스마트폰으로 사진을 찍었다. 오늘 포털사이트에 들어가 생강나무 사진을 보니 그 사진과 달라 보였다.

　생강나무란 이름은 잎에서 생강 냄새가 나기 때문에 붙였다고 한다. 친구의 말과 포털사이트의 설명이 동일한 것을 보니 맞는 모양이다. 계통은 미나리아재비목이고 녹나무과에 속한다. 3월에 노란 꽃이 피고 열매는 9월에 흑색으로 익는다고 한다.

　친구란 묘한 면이 있다. 어떤 점 때문에 친구가 되는지 어떤 점 때문에 관계가 이어지는지 잘 모르겠다.

정모는 1977년 중학교 입학했을 때 처음 만난 친구다. 중학교 때 별로 친하지 아니하였다. 친구의 설명에 따르면 나는 공부를 하는 쪽이고 자기는 노는 쪽에 속했기 때문이란다. 고등학교와 대학교가 달랐고 군대 생활도 달라서 서로 십 몇 년을 못 만났지만 못 만난다 하여 아쉬웠던 기억은 없다.

그를 다시 만난 건 내가 1992년 부산에 직장을 얻고 나서다. 처음에는 중학교 동창 모임에서 말 그대로 얼굴만 보는 정도였다. 정확하게는 모르겠는데 아마도 그가 조직한 언저리산악회에 내가 따라다니면서 좀 친해진 것 같다.

그는 아는 게 참 많다. 검색해보면 다 알 수 있는 것이라며 나는 그의 지식을 비하하였다. 그는 개의치 아니하였다. 그는 사람을 꾀는 재주가 있다. 말도 재미있게 하고 노래도 잘한다. 그가 기획한 산행을 하면 재미난 일이 참 많다. 내기를 하면서 친구와 더 가까워진 것 같다. 2010년, 2011년 서울시장에 누가 당선되느냐를 두고 내기를 하였는데 한 번은 친구가 이겼고 한 번은 내가 이겼다.

이제껏 판결한 것 중에 욕을 가장 많이 먹은 날, 조금은 섭섭한 마음으로 조금은 후련한 마음으로 퇴근 즉시 집으로 갔다. 내 마음을 알아챈 친구가 맥주 한잔하자고 전화를 하였다. 옷 갈아입으면 잘 안 나가는 성격이라 거절하였지만 참 고마웠다.

야구 관람은 원래 친구의 취미였다. 그는 한때 사직야구장에서 열린 프로야구 경기를 특별한 사정이 없는 한 관람하는 수준이었다. 이젠 나이 들어 좀 시들한 모양이다. 나는 나이 들어 야구를 좋아하게 되었다. 친구와 나는 2008년 사직야구장 스크린을 통하여 베이징올림픽 야구 결승전(한국과 쿠바 간 경기, 강민호 선수가 글러브를 집어던진 바로 그 경기, 롯데로 이적한 정대현 선수가 병살타를 유도한 바로 그 경기)을 같이 관람하였다. 우승 후 너무 기뻐 서로 얼싸안기도 하였다.

그도 산을 좋아하고 나도 산을 좋아하는지라 같이 다닌 산이 많다. 가야산, 가지산, 무척산, 구만산, 영축산, 신불산, 금정산, 적석산 등등….

그와 나의 공통점 중 가장 맘에 드는 것은 둘 다 나무를 좋아한다는 점이다. 친구가 가야산 등산을 한 후 해인사로 내려와서 나에게, 살아서 천 년, 죽어서 천 년을 간다는 주목을 소개해주었고, 나는 헤아릴 수 없는 감동을 받았고, 지금도 잊을 수가 없다.

주목을 찍은 사진을 박 선배에게 보내주며 형을 닮은 것 같아 보낸다고 했더니 선배가 좋아하였다. 친구와 나의 우정은 어디까지일까? 그건 나무만이 알 것 같다.

# 느티나무

2012. 7. 6.

사람도 그러하고 나무도 그 이름을 알았을 때 친해진다. 어릴 적 동네 입구에 큰 나무가 있었다. 키도 크고, 나이도 많았고, 여름엔 그늘을, 겨울엔 눈꽃을 제공하였다. 우리는 그것을 정자나무라 불렀다. 나무에 관심을 가진 뒤에야 그게 느티나무라는 걸 알게 되었다. 느릅나무과에 속하고 은행나무와 더불어 오래 사는 나무로 알려져 있다. 5월에 꽃이 피는데 그해 나온 잎겨드랑이에서 암꽃과 수꽃이 따로 핀다고 한다.

나의 고향은 경남 하동군 북천면이다. 1976년 초등학교 6학년 때 전기가 처음 들어온 동네다. 버스는 하루에 두 차례 서고, 4킬로미터 떨어진 곳에 옛날 통일호 기차가 서는 북천역이 있다. 최근에 북천 코스모스 길이라고 해서 조금 유명해졌다.

대학 다닐 때 밤 기차를 타고 북천역에 내리면 교통수단이 없으므로 당연히 밤중에 4킬로미터를 걸어 집에 도착하였다. 동네에 들어서면 느티나무가 나를 늘 반갑게 맞아주었다.

시골에서 태어난 사람이 서울 생활을 한다는 건 쉬운 일이 아니었고, 나이 많은 느티나무는 그런 사정을 당연히 알고 있었으므로, 느티나무는 나에게 말을 하지 않았지만, 나는 느티나무에게서 큰 위로를 받았다.

북천역에서 내려 집으로 걸어가는 동안 나는 훌륭한 사람이 되어야겠다는 다짐을 하곤 하였다. 장학금을 주는 분께 보답해야겠다는 생각도 있었고, 교내에서 되풀이되는 집회 및 시위에 영향을 받지 않을 수 없었기 때문일 것이다.

올해 5월 내가 소중하게 생각하는 사람들과 함께 전북 남원에 있는 실상사를 찾았다. 실상사는 들판에 위치하고 있었고, 철불이 눈에 들어왔다. 대안학교도 운영한다고 들었다. 경내에는 단풍나무과에 속하는 신나무도 있었고, 가래나무과에 속하는 호두나무도 있었고, 낙우송과에 속하는 삼나무도 있었다.

그날 저녁에 열린 모임에 초청된 박 선생께서 "우리는 준비가 너무 부족했다"라고 말씀하셨다.

나는 실상사 입구에 서 있는 느티나무를 생각하였다. 오래오래 살면서 지친 사람들에게 휴식을 제공하는 느티나무를, 침묵으로 일관하지만 말의 깊이를 더해주는 그 느티나무를.

# 배롱나무

2012. 8. 5.

어릴 적 백일홍나무를 자주 보았다. 붉은 꽃이 피어 오래가다 보니 어른들은 꽃가지를 꺾어 시신을 운반하는 상여에 꽂기도 하였다. 어른이 되고 나서 '권불십년 화무십일홍 權不十年 花無十日紅'이라는 말과 함께 백 일 동안 피어 있는 꽃이 드물다는 것을 알게 되었다. 백 일 동안 꽃이 핀다고 하여 백일홍이라고 부르는 것도 알게 되었다.

여름휴가를 이용하여 용인공원에 있는 고 전봉진 부장판사님 묘소를 다녀왔다. 고인이 1998년 부산고등법원에 근무하셨을 때 6개월 동안 배석 판사로서 고인을 부장님으로 모신 인연이 있다. 작년에 갑자기 돌아가셨는데 사정이 있어 조문을 가지 못하였고 그게 내내 마음에 걸려 이번에 참배를 다녀왔다.

고인은 정말 본받고 싶지만 쉽게 흉내 낼 수 없는 판사였다. 고인은 업무에는 철저하셨지만 운전기사를 비롯한 주변 사람들에게 한없이 관대한 분이었다. 특히 재판을 할 때 화를 내는 법이 없었고 부드러우면서도 엄정한 법정 분위기를 만드셨다. 사건의 결론을 내릴 때 배석 판사의 의견을 최대한 존중하였고 배석 판사가 쓴 판결문도 수정하는 일이 거의 없었다.

고인은 부산고등법원을 떠나신 지 몇 년 후, 내가 뒤늦게 얻은 아이가 돌을 맞이하자 돌 반지를 보내주셔서 '천사 부장'이라는 별명을 입증하셨다. 그렇게 따뜻한 분이었는데 그렇게 일찍 가시다니….

용인공원 정명지 51호에 있는 고인의 묘소에 참배하고 나오는 길에 백일홍이 활짝 피어 있어 스마트폰에 담았다.

요즘에는 배롱나무란 말이 널리 쓰이는 것 같다. 부처꽃과에 속하며 7~9월에 꽃이 핀다. 부산시 부산진구 양정동 동래 정씨 시조 묘 옆 높이 8미터, 수명 약 800년의 배롱나무는 천연기념물 제168호로 지정되어 있다. 배롱나무는 백 일 꽃을 피우지만 사람들은 그 사실을 잘 모르는 것 같다.

조선 시대 영의정이 100명이 넘었을 텐데 우리 기억에 남는 영의정은 황희, 채제공을 비롯하여 몇 명 되지 않는다. 정약용 선생도 후대에 널리 기억되는 것은, 벼슬하는 동안의 업적이 아니라 귀양살이하던 동안의 저술인 것 같다.

배롱나무의 꽃이 백 일 동안 붉을 수 있는 것은 배롱나무가 살아 있기 때문이고 사람들이 그 꽃을 기억하기 때문인가?

# 구상나무

2012. 8. 27.

부산법원 판사들이 주축이 되어 만든 부산판례연구회에서 하계 수련회로 안동을 1박 2일 일정으로 다녀왔다. 병산서원, 하회마을, 부용대, 도산서원, 유교박물관을 둘러봤다.

하회마을 입구에서 별신굿탈놀이 공연을 보고 하회마을을 둘러봤다. 양진당, 충효당을 비롯한 여러 집도 둘러봤다. 집 안에 심어놓은 목단나무, 소나무, 단풍나무도 눈에 띄었지만 유난히 눈길을 끈 것은 충효당 앞에 서 있는 구상나무 세 그루였다. 그중 한 그루는 엘리자베스 2세 영국 왕이 1999년 안동을 방문했을 때 심었다고 한다.

구상나무는 소나무과에 속하는 상록교목으로, 전 세계

에서 우리나라의 제주도, 지리산 노고단 임걸령, 전라북도 덕유산 등지에서만 자란다. 키는 18미터에 달하며 오래된 줄기의 껍질은 거칠다. 누군가 크리스마스트리용으로 개발하면 상품성이 있을 것이라 말하는 것을 들은 기억이 난다.

안동에는 예전에도 방문한 적이 있다. 유홍준 교수의 《나의 문화유산답사기》를 읽고 난 뒤였을 것이다. 가장 오래된 목조 건축물인 봉정사 대웅전을 보았고 병산서원의 만대루에 앉아 강과 산을 보며 옛 선비의 정취를 느꼈다.

하회마을 앞에서 먹은 헛제삿밥의 기억도 감미롭다. 예전에도 이번에도 별신굿탈놀이 공연을 봤는데, 관중이 굉장히 많았고 외국인도 제법 눈에 띄었다.

지역화가 곧 세계화로 가는 길이 아닐까, 그런 생각이 들었다. 별신굿탈놀이가 지금껏 전해져 내려오는 것도 그것이 안동 사람들을 감동시켰고 그 기억이 뚜렷하게 각인되었기 때문이었을 것이고, 감동이나 아름다움은 인간에게 공유되기 마련이므로 다른 나라 사람들에게도 통하지 않았을까?

부산판례연구회는 부산 지역에 뿌리를 내리며 살아가는 판사들이 만든 학술 단체다. "말이 크면 제주도로 보내고 사람이 크면 서울로 보낸다"라는 속담이 여전히 회자되는 나라에서, 왜 서울로 전근 안 가느냐는 질문을 받을 때면 참 번거롭다는 생각이 든다. 부산 지역 판사들은 1988년 부산판례연구회를 만들어 한 달에 두 편씩 논문을 발표하면서 24년간 전통을 이어오고 있고 연구 결과물을 스물세 권의 논문집으로 펴낸 바 있다.

우리는 선배 판사들 덕분에 거인의 어깨 위에 서 있는 셈이다. 제주도, 지리산과 같이 특정 지역에만 사는 구상나무를 우리가 안동에서 만난 것은 우연일까?

# 그 소나무

2012. 10. 7.

### 글을 쓰는 이유

글쓰기의 이유는 여러 가지 있을 것이다. 얼마쯤은 우쭐대고 싶은 마음도, 얼마쯤은 유익한 정보를 제공하고자 함도 있을 것이다. 그러나 나는 기록하고 싶기 때문이다. 10년 지나서 내가 삶을 제대로 살아가고 있나 없나를 따져볼 때 내가 썼던 글이 잣대가 되지 않을까 싶어서다.

### 소나무

소나무를 모르는 사람이 있을까? 진나라 시황이 집을 나섰다가 갑자기 소나기를 만나 한 나무 밑으로 피했고 그 나무에게 감사의 선물로 목공木公이란 벼슬을 내렸다.

목공이 된 이 나무는 그 뒤부터 '松'으로 불렸다고 한다(전경익, 《솔아 솔아 푸른 솔아》).

진주지원에 근무할 때 전경익 선생이 말한 경남 하동군 악양면 축지리 산83-1, 천연기념물 제491호 문암송을 만났다. 큰 바위 위에 뿌리를 박고 자라 바위를 둘로 쪼갠 듯하였다. 문암송文岩松이란 이름은 시인 묵객들이 이 소나무를 찾아 시회를 열며 풍류를 즐긴 데서 연유했다고 한다.

경남 산청군 단성면 성철스님 생가에 있는 소나무는 조용히 "산은 산이요 물은 물이로다" 말하는 것 같았다. 경남 양산시 통도사 말사 서운암 앞 소나무 두 그루는 속세와 청산의 경계를 긋는 듯하였다. 통도사 입구 부부 소나무는 동고동락하면서 서로 닮은 듯하였다.

### 그 소나무

아침마다 해발 199미터 화지산을 오른다. 낮은 산이지만 오르내리는 데 힘든 순간이 있다. 그때 내 눈에 들어오는 소나무가 있다. 그 소나무는 언제나 침묵하지만 나는 그 침묵 속에서 말의 깊이를 얻는다.

좋은 판사가 될 자신은 없지만 나쁜 판사는 되지 말아야겠다고 가끔 다짐해본다.

# 주목

2012. 11. 14.

몇 년 전 중학교 동창생들과 함께 합천 가야산을 올랐다. 내려오는 길에 해인사에 들렀다가 처음으로 10미터 높이 주목을 만났다.

많이 알지만 깊게 알지는 못하는 친구의 설명에 따르면 주목은 살아서 천 년, 죽어서 천 년을 간다고 했다. 주목 사진을 찍어 존경하는 박 선배에게 보냈다. 선배를 닮은 것 같아 보낸다는 설명도 함께였다. 그 선배는 수백 년을 삶의 단위로 생각하는 것 같았다.

2011년 진주지원 동료들과 함께 중산리에서 출발하여 법계사에서 자고 새벽에 지리산 천왕봉에 올라 일출을 보고 칠선계곡을 거쳐 함양 추성리로 내려가는 고된 길에 수백 년 된 주목을 만났다.

조선 시대를 통틀어 영의정이 163명이었다고 한다. 그중 역사에 이름을 남긴 인물은 황희, 류성룡, 채제공 정도 아닐까? 조선 역사상 가장 뛰어난 사대부로 평가받는 정약용은 당대 벼슬이 형조참의였다. 나는 그의 저서《목민심서》를 세 차례 정도 읽었다. 정약용은 삶의 길이를 수백 년으로 보지 않았을까 싶다.

많이 살지 않아 뭐라 말할 주제는 아니지만, 돌이켜보면 위기일 때 원칙이 필요하였고 그렇게 세운 원칙이야말로 삶의 동력이 되었다.

가슴속에 실현 불가능한 꿈을 갖되 현실에서는 리얼리스트가 되자고 누군가 말하였다. 현실에서 실패할지언정 그 꿈을 포기해서는 아니 된다. 삶에는 승리의 삶, 패배의 삶, 그리고 버티는 삶이 있다. 이순신 장군이 23전 전승을 하였다고 하지만 따지고 보면 승리라고 평가할 만한 싸움은 몇 번 안 되고 대부분 버틴 것 아닌가? 올해는 따뜻한 크리스마스를 맞이할 수 있을까?

# 증거 재판주의

2013. 1. 26.

진실은 여러 가지로 정의된다. 하늘이 알고 땅이 아는 진실, 역사에 기록되는 진실 등등…. 그러나 재판에서 진실은 오로지 증거로 밝혀진 사실을 의미한다. 이것이 우리나라 법률이 정하고 있는 증거 재판주의다.

그러나 실제로 재판을 하다 보면 판사에게 너무나 당연한 이 증거 재판주의를 당사자가 납득하지 못하는 데서 불신이 싹튼다.

어떤 당사자는 본인이 억울함을 호소하면 판사가 진실을 밝혀줄 거라고, 판사가 무슨 수를 써서라도 증거를 찾아내야 한다고 생각한다. 그러기에 이런 당사자들은 억울함을 적은 준비 서면만 되풀이해서 낸다. 가까운 사람들이 작성한 탄원서, 진정서 제출도 이런 사람들이 즐겨 쓰는 방법이다. 아마도 조선 시대의 원님 재판을 원하는 모양이다.

어떤 당사자는 상대방에게 무수한 질문을 하고 증거 제출을 요구한다. 상대방이 이에 응하지 않으면 자기 말이 진실이라고 결론 맺는다. 그러나 소송은 대체로 자신에게 유리한 사항에 관하여 자신이 증거를 제출하도록 되어 있고 그것에 실패하면 지게 되어 있다.

그런데 이런 원칙을 받아들이지 못하는 사람이 많다. 예를 들면, 돈을 빌린 것은 맞지만 다 갚았다고 주장하는 사람이 상대방보고 입출금 내역을 적은 장부를 내놓으라고 요구한다.

약자는 선하고 선한 사람은 거짓말을 하지 않는다는 믿음을 갖고 있는 사람들이다. 물론 약자가 선할 수도 있고 선한 사람이 거짓말을 안 할 수도 있다. 그러나 판사가 알고 싶은 사항은 그 사람이 착하냐 악하냐, 평소 거짓말을 하냐 안 하냐가 아니라, 바로 이 사건에서 당사자가 주장하고 있는 사항에 관하여 증거가 있느냐다.

하늘이 알고 땅이 아는 진실이 법정의 진실이 되기를 바란다. 그러나 판사의 힘만으로는 부족하다.

# 7번 방의 선물을 보고

2013. 1. 26.

영화 〈7번 방의 선물〉을 보았다.

배우 오달수, 김정태, 정만식, 박원상의 연기가 돋보였다. 배우 류승룡의 바보 연기는 웃기는 것이 아니라 울리는 힘이 있었다. 〈최종병기 활〉〈광해, 왕이 된 남자〉에서 본 배우 류승룡은 잊어야 할 것이다. 지적 장애가 있는 이용구는 유아 유괴 살인죄로 기소되어 교도소 7번 방에 수용되고 우여곡절을 거쳐 그의 딸 예승과 함께 감방 생활을 하게 된다.

기소된 사건은 피해자가 빙판길에 미끄러져 벽돌에 맞아 죽은 것인데, 피해자가 경찰청장의 딸이라는 점에 경찰관은 어설픈 목격자의 진술을 토대로 서둘러 범인을 지목하고, 이용구는 지적 장애 때문에 방어를 제대로 못하였으며, 국선 변호인은 무능하거나 무관심하였고, 경찰청장은 이용구에게 범행을 부인할 경우 예승의 안전을 보장할 수 없다고 협박하는 바람에 이용구는 법정에서 범행을 전부 시인하고 사형이 선고, 집행된다.

딸 예승은 커서 사법 시험에 합격하고 사법연수원이 같은 사건을 토대로 연 모의재판에서 변호인 역할을 맡아 무죄 선고를 이끌어낸다.

영화 보는 내내 웃겼다 울렸다 한다. 그러나 나는 예전에 보았던 〈하모니〉와 달리 이번에는 전혀 눈물이 나지 않았다. 아마도 누명을 못 벗고 사형된다는 설정이 불편했기 때문이리라.

형벌의 목적은 대체로 인과응보, 범죄 예방으로 설명되어왔지만 근대에 이르러 인과응보는 형벌의 목적이 아닌 것으로 정리되었다. 신문 보도에 의하면 피고인이 사형 선고를 받아도 피해자 유족의 분노는 해소되지 않는다고 한다.

범죄 예방 효과 중 특별 예방 효과는, 사형제나 종신형이나 당해 피고인이 재범을 저지를 수 없다는 점에서 동일하고, 다만 집행 비용이 싸냐 비싸냐 차이만 있을 뿐이다.

다음으로 일반 예방 효과는, 사형 집행 건수나 비율이 매우 높은 것으로 알려진 미국이나 중국이 재범 내지 재소자 비율이 매우 높은 반면, 사형제가 오래전에 폐지된 유로 회원국들이 재범 내지 재소자 비율이 낮다는 점에서 충분한 검토가 필요하다.

무엇보다 이 영화처럼 오판이 선고되고 사형이 집행되었을 경우 이를 시정할 방법이 전혀 없다는 점에서 치명적이다. 형사 재판 중 한 번도 사형 선고를 하지 않았기 때문에 그나마 잠시 웃을 수 있는 영화였다.

# 편백나무

2013. 3. 24.

공원에서 걷는 게 취미다. 법원에 처음 들어갔을 때 경남고등학교 앞에서 하숙을 하였다. 아침에 일어나면 하숙집 아들과 함께 구덕공원을 산책하곤 하였다.

구덕공원은 산책로가 잘 가꾸어져 있다. 길이 평탄하고 주변에 나무가 많다. 그중 눈에 띄는 나무가 있었다. 홀쭉한 것이 하늘로 쭉 뻗은 채 일렬로 줄까지 서 있으니 참 얌전한 학생처럼 보였다. 편백나무다.

걸어서 출근할 때가 많았다. 구덕운동장을 지나고 동신초등학교를 지나고 삼익아파트를 지나면 법원이 나올 차례였다. 30분이 걸렸다. 저녁을 먹고는 옆에 있는 동아대학교 캠퍼스에 갔다. 이곳저곳을 돌아다니는 재미가 있었다. 이 생활은 결혼으로 2년 만에 끝이 났다.

결혼 후 지금의 아파트로 이사를 오면서 어린이대공원을 자주 가게 되었다. 예전에 수원지였던 호수를 끼고 산책로가 나 있고 도처에 편백나무와 측백나무가 있어 눈이 참 편하다. 40분에 호수를 한 바퀴 돌고 9번 매점에 가서 국수나 어묵을 먹으면 휴일 놀거리를 원하는 식구의 입을 대충 막을 수 있다.

편백나무는 측백나무과다. 편백나무와 측백나무는 생김새가 비슷하다. 편백나무는 잎의 끝이 둥글고 뒷면에 하얀 기공선이 Y자 형태로 나 있으며 측백나무는 잎의 끝이 뾰족하고 기공선을 찾아볼 수 없다.

편백나무는 일본 사람들이 좋아하는 나무라고 한다. 부산에 있는 공원에 편백나무가 많은 것은 일본 사람들이 식민지 시대에 많이 심었기 때문이라고 한다. 어쨌거나 공원을 걷고 나무를 보고 평안을 얻는다면 누가 심었냐가 뭐가 중요할까 싶다.

올해 말이면 부산시민공원이 완공된다는데, 내년에는 어린이대공원 산책은 뜸할 것 같다. 부산시민공원엔 어떤 나무들이 자랄까? 아침마다 볼 수 있을까? 세상은 어쨌거나 진보한다.

# 막말을 자제하는 법

2013. 3. 28.

막말이 오가는 법정이 아름다운 모습은 아닐 것입니다. 제 경험이나 다른 사람의 경험을 종합하면, 막말을 하는 경우는 대개 말하는 사람이 화가 나 있을 때입니다. 따라서 막말을 자제하려면 화에 대한 대책을 세우는 것이 첫 번째 방법이라고 생각합니다.

우연히 로마의 철학자 세네카가 쓴 《화에 대하여》라는 책을 읽었습니다. 세네카가 2천 년 전에 이 책을 쓴 것을 보면 화에 대한 대책이 인류의 오랜 숙제였음을 알 수 있습니다. 책 내용에 공감 가는 부분이 많았고 그 일부를 실천해봤습니다.

이 책을 읽고 난 후 4주째 법정에서 단 한 번도 화를 내지 않았습니다. 작년에 같은 재판부를 구성했던 ○○○ 판사님, ○○○ 판사님과 올해 같은 재판부를 구성하고 있는 ○○○ 판사님, ○○○ 판사님께 확인해보시면 답해주실 것입니다. 사설이 길었습니다.

세네카에 따르면, 화에 대한 최고의 대책은 "화를 늦추는 것이다. 처음부터 용서하기 위해서가 아니라 심사숙고하기 위해 화의 유예를 요구하라"입니다.

화가 나면 화를 이기기 힘들므로 화가 나기 전에 화를 늦추라는 것입니다. 이치에 닿지 않는 말을 하는 당사자가 있다고 할 때 재판장이 이를 반박하면 당사자는 변명할 테고 그 순간 재판장은 엄청나게 화가 날 것입니다. 그러니 당사자가 억지소리를 하더라도 처음부터 반박하지 말라는 것입니다. 경우에 따라서는 억지소리를 하는 소송관계인에게 유머를 함으로써 상황을 반전해야 합니다. 링컨 대통령이 "두 얼굴을 가졌다"라는 비난을 받자 "두 얼굴이 있다면 이 얼굴을 내놓겠습니까"라고 반박했듯이 말입니다.

화에 대한 두 번째 대책은 화가 났을 때 자신의 얼굴을 거울로 보는 것입니다. 거울 속 화난 자신의 얼굴을 보면 큰 충격을 받을 것입니다. 저도 우연히 화가 난 제 모습을 거울로 본 적이 있는데 흉측했습니다.

저는 배석 판사님들께 간혹 "제가 법정에서 화를 내면 저의 법복 소매를 당기라" 부탁합니다.

물론 이런 방법으로 화를 다 다스릴 수는 없을 것입니다. 그저 누구보다도 순수하고 성실한 사법부 구성원들이 국민으로부터 제대로 평가받지 못하는 것이 아쉽습니다. 힘든 때일수록 서로 고쳐주고 격려하자는 뜻에서 부족한 이 글을 올렸으니 양해를 바랍니다.

# 조정에 임하는 자세

2013. 4. 28.

**조정이란**

조정은 법률 분쟁이 생겼을 때 판사의 판결이 아니라 당사자 간 타협을 통하여 분쟁을 해결하는 절차를 말한다. 실제로 미국에서는 법원에 접수된 사건 중 판결까지 가는 사건은 10퍼센트가 되지 않고 대개는 조정을 포함한 여러 가지 간이한 방법을 통하여 사건을 처리한다고 한다.

어떤 의미에서 조정은 이길 사람에게 양보를 요구하는 것이니 불합리하다고 볼 수 있다. 그러나 이길 사람이라는 건 미리 정해진 것은 아니고 재판 절차를 통하여 증거를 대고 법리를 세워야 하고 그것으로 판사를 설득해야 하며 최종적으로 대법원까지 가봐야 아는 것이다.

그리고 1천만 원을 받기 위하여 소송 비용으로 500만 원을 들여야 한다면, 700만 원을 받고 소송 비용을 100만 원 선에서 지출하는 것이 합리적일 수도 있다.

사건에 관하여 가장 절실한 이해관계자는 판사도 아니고, 변호사도 아니며, 결국 당사자다. 사건을 주도적으로 해결해야 할 사람도 당사자일 수밖에 없으므로, 당사자의 주도권이 가장 잘 보장되는 조정 절차가 불합리하다고 단정할 수는 없다.

### 조정에 임하는 자세

양보해야 한다. 조정은 당사자 간의 타협을 통하여 분쟁을 해결하는 것이고 대체로 당사자는 서로 이해관계가 상반되므로 양보를 해야 조정이 성공한다.

본인이 참석해야 한다. 변호사에게 소송을 위임한 경우라도 조정 절차에는 본인이 참석하는 것이 좋다. 판사의 설명을 들을 수 있고, 상대방의 입장을 직접 들을 수 있으며, 최종 결정을 내려야 하기 때문이다.

상생하는 방법도 있다. 본인에게 크게 불리하지 않으면서 상대방을 크게 배려하는 방법도 있다. 상대방이 특히 중요하게 생각하는 쟁점에 관하여 양보하더라도 본인에게 크게 불리하지 않은 경우도 있으므로, 상생하는 방법을 찾아본다.

집행 문제도 고려해야 한다. 소송을 하는 종국적 목적은 대체로 승소 판결을 받기 위함이 아니라 돈을 받아내기 위함이다. 법원에서 승소 판결을 받더라도 집행 절차에서 돈을 받아내는 비율은 생각보다 낮다. 조정 절차에서는 돈을 받아내는 방법도 협상 테이블에 올릴 수 있으므로 유리하다. 원고는 5천만 원을 고수하고 피고는 3천만 원을 고집할 경우 4천만 원 선에서 타협하는 것도 한 방법이지만 때로는 5천만 원으로 정하되 3개월 내에 3천만 원을 가져오면 나머지 2천만 원을 포기하는 방법도 고려할 필요가 있다.

싸우는 것은 금물. 간혹 조정실에서 상대방과 말이나 몸으로 싸우는 사람이 있다. 사연이 있겠지만 판사 입장에서는 어리석은 행동이다. 자신의 문제를 효과적으로 풀 수 있는 자리를 어렵게 마련했는데 불만을 터트리는 자리로 만들어버리는 것은 불합리한 처사다. 그 사건이 해결되지 않을 경우 가장 손해를 보는 사람은 판사도 아니요 변호사도 아니요 바로 당사자이기 때문이다.

판사의 설명에 귀 기울인다. 법원이 조정 절차를 주도하는 경우 판사로부터 사건 전반에 관한 설명을 듣게 된다. 판사는 내가 불리한 점, 내가 유리한 점을 나누어 설명할 것이다. 잘 들으면 판사가 생각하는 바를 엿볼 수 있다.

특히 2심이라면 사건 처리 방향이 대부분 결정되었다고 보면 된다. 민사 사건의 경우 대법원에 상고를 해서 2심 판결이 깨지는 비율이 10퍼센트가 안 된다는 점, 사실인정은 원칙적으로 2심에서 하게 되어 있는 점을 고려할 때, 2심 재판부의 결론은 존중해야 한다. 그 바탕 위에서 내 입장을 최대한 반영할 수 있는 방법이 무엇인지를 고민하는 것이 좋다.

**마무리**(롯데자이언츠의 마무리는?)

집안에 송사가 있으면 마음이 불편하다. 적당한 선에서 털고 나오는 것도 마음의 평화를 찾는 좋은 방법이다. '조금 손해 본 것은 다른 일을 해서 보충하면 된다.' 이런 생각으로 조정에 임할 수는 없을까요?

# 판사는 무엇으로 사는가

2013. 5. 25.

《군주론》을 쓴 마키아벨리도 중립적인 법원의 존재 의의를 인정하였다. 마키아벨리는 1254년경 설립된 파리의 고등법원을 예로 들며 중립적인 법원의 존재가 왕의 자유 및 안전의 기초가 되는 가장 중요한 제도임을 인정하였다.

법관은 왕이 설정한 원칙에 예외를 허용하는 역할을 수행한다. 그렇게 하기 위해서는 헌법과 법률에 정통해야 하고, 사건의 실체를 꿰뚫어볼 수 있는 지혜를 갖추어야 하며, 개개 사건에 법을 정확하게 적용하는 용기를 발휘해야 한다.

법관은 재판을 잘해야 한다. 법리에 정통하고 판결문을

잘 쓰는 것도 중요하지만, 무엇보다 억울함을 호소하는 사람들의 사연을 잘 듣고 겸손하게 판단을 내려서 억울해하는 사람이 없도록 해야 한다(노동일,〈역사 속의 대한민국 사법부〉,《재판의 본질 그리고 법관의 역할》).

하버드대 로스쿨 교수를 지낸 로스코 파운드는 법을 기계적으로 적용하는 것을 법률가로서 할 일을 다한 것으로 착각하지 말라고 하였다. 법적 문제를 해결하기 위해서는 사유와 성찰이 필요하다. 그것은 비판적이고 반성적이어야 하고, 경험을 재구성하는 과정을 거듭하여야 한다(김지형,〈대법원 판례를 통하여 보는 재판과 법관의 역할〉,《재판의 본질 그리고 법관의 역할》).

올리버 웬델 홈스 미국 연방대법관은 "법의 생명은 논리가 아니라 경험이다"라는 유명한 법언을 남겼다. 일반적으로 상정할 수 있는 법 원칙이 아니라 여러 다양한 경험적 요소에 기초한 법 원칙을 중시하는 말이다(김지형).

독서와 체험이 필요하다. 다수의 삶에 무지한 것은 아닌가? 다수의 삶에 무감각한 것은 아닌가? 성찰해야 한다.

《유토피아》를 쓴 토마스 모어는 대법관직의 안락에 안주하지 않으려고 일부러 법복 안에 거친 소재의 천을 넣어 입었다고 한다. 소수자로서 경험한 탄압이나 장애인으로 겪은 불편함은 인식의 지평을 넓히는 데 도움이 된다.

칼 포퍼가 말한 것처럼 "추상적 행복을 증가시키기보다는 구체적 악을 제거하는 것"이 법관의 역할을 설명하는 데 적합하다. 랄프 왈도 에머슨은 "내가 지금 여기 있음으로 해서 단 한 사람의 인생이 행복하다면 그것이 성공"이라고 하였다.

판사에게 성공이란 단 한 사람의 당사자를 행복하게 하는 것이 아닐까? 사법의 독립과 민주화는 결국 여기로 귀결되는 것은 아닐까?

인생의 긴 여정에서 패배하지 않는 것이 중요하다. 그러나 승리할 수 없을 것 같다고 하여 패배자의 모습을 보여서는 아니 된다. 무승부도 있으므로 버틸 필요가 있고 그럼 훗날을 기약할 수도 있다.

번복 불가능한 결과를 가져오는 다수결의 정당성에 대해서는 의심해봐야 한다. 소수파가 더 나은 논지를 사용하여 훗날에 다수자가 될 수 있고 이미 내려진 결정을 수정할 수 있는 기회를 가진다는 조건하에서만 다수자의 결정에 승복한다(위르겐 하버마스, 《사실성과 타당성》).

브레히트는 "불의는 인간적이다. 그러나 더 인간적인 것은 불의에 맞서 싸우는 것이다!"라고 말하였다. 불의도

인간적인 모습으로 다가올 때가 많다. 고문을 자행한 자는 어떤 의미에서 직무에 충실한 자이고 가정에서는 자상한 아빠일 것이고 때로는 착한 일을 할 때도 있다.

브레히트는 또한 불의를 저지르는 것이 옳지 않다고 강조하는 일보다 더 중요한 것이 있다고 말했다. 즉 불의를 묵과하는 것이 옳지 않다고 강조하는 일이다. 불의를 저지를 수 있는 사람은 적지만 불의를 묵과할 수 있는 사람은 많다(베르톨트 브레히트, 《브레히트는 이렇게 말했다》).

판사가 불의를 저지르는 삶을 살기는 어렵다. 그러나 불의를 묵과하는 삶을 사는 것은 가능하다.

헌법이 법관에게 부여한 지위와 역할을 소명으로서 받아들이고 소명을 실천할 자질과 역량이 있는지 늘 성찰해야 한다.

막스 베버는 직업 정치가에게 요구되는 세 가지 자질로 열정, 책임감, 균형적 판단을 제시한 바 있다. 권력에 대한 야심과 허영심에 들뜬 '불모의 흥분 상태'가 아니라 대의에 대한 열정적인 헌신, 자기 자신을 내세우지 않는 객관성을 갖춘 책임성, 그리고 내적 집중력과 평정 속에서 현실을 받아들일 수 있는 균형적 판단이 중요하다고 역설했다(박경귀, 〈소명으로서의 정치' 정치인의 소명과 윤리적 책임을 일

깨운다〉).

　이러한 소명을 실천할 자질과 역량은 2013년 대한민국에서 살아가는 법관에게도 필요하다.

# 공무원 생활을 시작할 때 유의할 점

2013. 7. 16.

공무원 시험에 합격하여 임용을 기다리고 있는 후배가 공무원 생활을 할 때 유의할 점이 무엇인지 질문하였다. 몇 가지를 정리하여 다음과 같이 답하였다. 많은 것을 이야기하면 헷갈릴 것 같아 몇 가지만 제시하였다.

### 업무에 정통한 것이 최고의 친절이다

공무원에게 친절은 덕목이다. 그러나 민원인이 진정 원하는 것은 신속하고 정확한 업무 처리다. 이를 위해서는 업무에 정통하여, 민원인에게 가장 유리한 방안이 없는지 검토하고, 가능하다는 생각이 들면 이를 결재 과정에서 실현하는 것이 중요하다.

보직을 맡자마자 업무 매뉴얼을 확보하여 업무 처리 과정을 세밀하게 익히고 실행을 통하여 숙련도를 높여야 한다.

### 첫인상은 매우 중요하고 일주일 이내에 형성된다

낯선 사람을 만나면 누구나 분류를 하게 마련이다. 이때 첫인상이 큰 역할을 한다. 첫인상은 대개 일주일 이내에 형성된다. 지각과 같은 불성실한 모습은 보여서는 아니 되고, 상사나 동료의 이름을 빨리 외워야 하며, 업무 실수를 최소화해야 한다.

### 꾸준한 독서가 필요하다

세상은 급속도로 변하고 있고 공공 부문은 이를 따라가지 못하고 있다. 전공과 무관한 분야라도 꾸준히 독서를 함으로써 자신이 가고 있는 방향을 정확히 알아야 한다.

### 건강에 유의해야 한다

건강은 꾸준히 관리하여야 한다. 정기적으로 운동을 하고, 술을 지나치게 마시지 않도록 유의하고, 식생활도 적당하게 유지해야 한다.

**롤 모델을 찾는다**

공무원 생활을 하다 보면 '저 사람과 같이 일하면 보람이 있겠다' 싶은 경우가 있는데, 그를 롤 모델로 삼아 그 사람을 닮으려고 노력하고, 기회가 되면 롤 모델의 조언을 듣는다.

**시간 관리를 철저히 한다**

인간이 소유한 것은 시간뿐이다(에디슨). 중요하지만 시급하지 않은 일에 시급하지만 중요하지 않은 일보다 더 많은 시간을 배분해야 한다(스티븐 코비,《성공하는 사람들의 7가지 습관》).

# 모과나무

2013. 8. 25.

**기가 막힌 모과나무**

순천국제정원박람회를 다녀왔다. 부산판례연구회 하계 수련회 일정 중 하나였다. 거기서 '기가 막힌 모과나무'를 만났다. 사연은 이렇다.

수백 년 된 모과나무를 국제정원박람회장에 옮겨심기로 나무 주인과 어렵게 합의하여 직원이 현장에 갔다가 모과나무 아래 쓰러져 있는 할머니를 발견하고 응급 구조를 하여 할머니를 살려냈다는 것이다.

모과나무는 쌍떡잎식물 장미목 장미과의 낙엽교목이다. 열매인 모과는 향기가 좋고 신맛이 강하다. 가벼운 목감기에 모과차를 종종 마시곤 한다. 모과는 타원형 또는 달걀을 거꾸로 세운 모양이다. 어릴 적 못생긴 사람을 빗대어 모과같이 생겼다고 하였다. 식물학자들은 왜 모과나무를 장미과로 분류한 것일까?

어느 여학교에서 모과나무를 두고 모과가 열리면 누구 것이냐 논쟁이 있었다고 한다. 갑설은 학교는 학생들의 교육을 위해 존재하므로 모과는 모과를 먼저 본 학생의 것이라는 설이고, 을설은 학교는 재단의 소유이므로 모과도 재단 것이라는 설이고, 병설은 수위 아저씨가 모과나무를 관리하므로 모과나무는 몰라도 적어도 모과는 수위 아저씨 것이라는 설이었는데, 어느 주장이 맞는지는 모르겠다.

### 순천국제정원박람회

순천만은 세계 5대 연안 습지다. 창녕 우포늪이 내륙 습지인 데 반하여 순천만은 연안 습지라는 점에서 특색이 있고 작년 한 해 방문객이 300만 명이었다고 한다. 이에 국제정원박람회가 열렸는데, 순천만에서 5~6킬로미터 떨어져 있고 예산 2,500억 원을 들여 조성하였으며 그중 1,600억 정도를 순천시가 부담하였다고 한다. 인구 30만의 도시가 부담하기에는 버거운 액수인데 정책 결정권자들의 열정과 용기가 놀라웠다.

어쨌거나 4월 20일부터 시작된 박람회는 현재 270만 명 정도 다녀갔고 10월 20일까지 열린다고 한다. 2,013명의 자원 봉사자가 활동한다는 점이 눈에 띄었다.

시간이 한정되어 있어 다 둘러보지는 못했지만 단연 눈에 띄는 것은 호수정원이었다. 호수를 만들고 그 가운데 동산을 만들었으며 그 동산에 나선형으로 인도를 만들었고 이것을 한눈에 조망할 수 있는 언덕을 만들었다. 방문객이 줄을 지어 동산을 올라갈 때는 장관이라고 한다. 보름달이 뜨는 밤에 호수와 동산과 사람의 어울림이라….

프랑스 베르사유궁전 정원도 조성되어 있다. 좌우 대칭의 기하학적 도형으로 자수처럼 오밀조밀하게 구성되어 있으며 군데군데 조각이 설치되어 있고 호수가 배경이었다.

궁궐정원, 선비정원, 서민정원 세 가지 한국 정원 중에는 선비정원이 와닿았다. 서민정원에 있는 바위는 자연석 같아 깜빡 속았다. 내기했으면 돈을 잃을 뻔했다. 수백 년 된 팽나무를 멀리서 보는 것도 행복이었다.

**먹을거리**

순천에 있는 청해한정식의 굴비 백반을 빼놓을 수 없다.

녹차에 밥을 말고 굴비를 고추장 같은 데 찍어 먹는 음식인데 별미였다. 광양시 해동가든에서 먹은 주물럭도 맛있었다. 갓김치 삭힌 것도 곁들여 나왔다. 공깃밥을 추가하여 먹었다. 안 그래도 요즘 몸무게가 늘어 표준 체중에 가까워지고 있는데….

전날 광양제철도 둘러보았다. 현재는 최고의 경쟁력을 갖추고 있지만 철강 과잉 공급 상태에서 영업망이 약한 광양제철로서는 안심할 단계가 아니라는 부소장님의 설명에서 대한민국의 먹을거리를 책임지고 있는 기업의 고민을 읽을 수 있었다. 고로를 계속 가동해야 하는 작업 여건을 충족하면서도 노동자의 삶을 보장하기 위하여 4조 2교대의 근무 환경을(12시간 낮에 2일, 12시간 밤에 2일, 그리고 4일 쉬는 근로 형태) 도입한 점도 위대한 기업의 모습을 보는 것 같아 흐뭇했다.

## 소원을 보고

2013. 10. 3.

**주인공 소원**

영화 〈소원〉을 보았다. 소원은 아홉 살 성폭력 피해자의 이름이다. 소원이 성폭력 피해를 입고 상처를 치유해나가는 과정을 담고 있다. 조두순 사건과 강홍일 사건을 떠올리게 한다.

**판사의 소원**

아홉 살 소녀에게 씻을 수 없는 상처를 입히고도 피고인은 술에 취해 기억나지 않는다고 변명한다. 끔찍한 사건을 겪은 직후 제정신이 아닌 피해자 아버지에게 언론은 인터뷰를 요청한다. 거기에는 이 사건이 알려졌을 경우 피해자가 입을 2차 피해에 대한 고려는 없다.

학교 가는 길에 성폭력을 당하고 대장과 항문이 파열되어 여러 차례 수술을 받고 평생 인공 항문을 달고 살아가야 하는 피해자 측 입장에서는 피고인에게 징역 12년을 선고한 판결은 분노의 대상이다.

반면 아내 몰래 들어둔 적금을 해약해서 병원비를 빌려주는 동훈(소원 아빠)의 친구 광식, 함께 등교했다면 소원에게 그런 일이 없었을 텐데 자책하는 소원의 친구 영석, 딸이 성폭력 후유증으로 자살한 상처를 안고 사는 정신과 전문의 정숙은 소원 가족이 절망을 딛고 일어설 수 있도록 힘이 되어준다.

성폭력 범죄는 엄벌에 처해야 한다. 그러나 엄벌만으로 이 문제를 해결하기에는 충분하지 않다. 엄벌이 사형이어야 하는지도 검토가 필요하다.

모스크바공국에서는 절도죄를 저지른 자는 사형에 처해졌다. 그래서 모스크바공국에서 절도죄를 저지른 사람은 피해자를 죽였다. 몽테스키외의 《법의 정신》에 나오는 내용이다.

판사는 균형을 찾는 사람이다. 피해자의 사적 복수를 막으면서도 범죄를 예방하고 피고인을 교화할 방법은 무엇일까? 여론을 잘 알면서도 여론에 독립하여 헌법과 법률에 따라 판단한다는 뜻은 무엇일까? 어느 한쪽이 지게 마련인 재판에서 당사자를 설득하는 의미는 무엇이고 그 방법은 무엇일까? 이 문제의 답을 찾는 것이 나의 간절한 소원이다.

범죄에 대한 처벌과 별개로 범죄 피해자 구조 제도가 보강되어야 한다. 이런 사람에게는 차별적 복지가 주어져야 한다. 국가가 범죄를 막지 못했다는 점에서 범죄 피해자가 일상으로 돌아갈 수 있게 생활 전반을 챙겨야 하며 신체적 치료는 물론이고 정신과적 치료도 도와주어야 한다. 이는 국민의 생명과 재산을 보호한다는 오로지 그 목적으로 만들어진 국가가 국민에게 해야 할 의무이며, 특히 이들에 대한 복지는 다른 사람의 복지보다 우선하여 이루어져야 한다.

**우리의 소원**

좋은 세상이라서 할 일이 없다거나, 할 일이 있는 줄은 알지만 무력감을 호소하는 사람이 제법 있다. 그러나 조금만 세상 속을 들여다보면 우리의 손길을 기다리는 사람은 너무나 많다. 악이 소멸되지 않는다면 선이 강해져야 하지 않겠는가? 선이 강해지는 방법은 선이 선끼리 합치는 것이다.

나는 이런 생각을 하며 울다가 웃으며 영화를 봤다. 법조인을 비롯하여 많은 사람이 봤으면 한다. 이준익 감독의 소원이 이루어졌으면 한다.

# 은행나무

2014. 1. 12.

**상식**

　은행나무는 은행나무목 은행나무과에 속한다. 열매가 열리는지 여부로 암수를 구분한다. 열매를 은행銀杏이라고 한다. 여기서 은은 중과피가 희다 하여 붙인 것이고 행은 살구와 비슷하다고 해서 붙인 것이라 한다. 은행은 식용으로도 쓰이지만 많이 먹으면 안 좋다고 한다.

　은행은 껍질에서 악취가 난다. 문제는 나무가 30년 자란 후에야 열매가 열리므로 그 이전에는 암수를 구별할 수 없어 가로수로 암나무를 심어 악취 피해가 많이 발생했다는 점이다. 그러나 2011년 6월 산림과학원이 수나무에만 있는 유전자인 SCAR-GBM을 발견했고 1년 이하 묘

목의 암수 감별이 가능해졌다. 따라서 농가에는 은행 채집이 가능한 암나무를, 거리에는 악취가 풍기지 않는 수나무를 심을 수 있게 되었다.

### 상상

《베르나르 베르베르의 상상력 사전》에 따르면 히로시마에 원자 폭탄이 투하되고 나서 가장 먼저 자란 식물이 은행나무라고 한다.

부산에 있는 범어사 경내에 있는 은행나무를 금정산 산행길에 찍었다. 수령이 500년이 넘는다. 원래는 남이섬에 줄지어 선 은행나무가 노란색으로 물들어 있는 사진을 올리려고 했는데 컴퓨터를 복원하는 과정에서 사진이 다 날이기비려 못 올렸다.

### 은행

은행나무의 은행銀杏과 시중 은행의 은행銀行이 동음어이므로, 은행나무를 말할 때 농담 삼아 이건 신한은행나무, 저건 국민은행나무라고 부르곤 하였다.

말이 나와서 말이지 은행은 참 막강하다. 때로는 권력이 못하는 일도 자본이 해내는 경우도 있으니 말이다. 그래서 권력으로부터 독립을 추구하면서 끊임없이 자본으로부터도 독립되어 있는지 살피는 것이 중요하다고 말할 수 있다.

# 고로쇠나무

2014. 2. 1.

**수액**

해마다 고로쇠 수액을 보내주시는 부부가 있다. 지리산에서 염소를 키우는 분들이다. 위장에 좋다며 다 먹기도 전에 새로운 수액을 보내주신다. 그만 보내시라고 해도 10년 넘게 그러시니 그냥 그렇게 살고 있다. 간혹 별것 아닌 것으로 답례를 해보기도 하지만, 곶감, 염소곰국, 김치 등 그때그때 손에 잡히는 먹거리를 더 보내주시니 답례하기도 무섭다. 다만 한 가지, 그분들이 요구하는 게 있다. 판사직을 그만두지 말라고 한다.

## 고로쇠나무

고로쇠나무는 단풍나무과에 속하는 낙엽활엽교목이다. 한국이 원산지로 중국과 일본, 만주 등지에 분포한다. 흔히 계곡의 비옥하고 습윤한 지역에서 자라며, 공해에 약한 편이다. 높이는 약 20미터, 나무껍질은 회색이다. 꽃은 잡성으로 양성화와 수꽃이 같은 그루에 핀다. 4~5월에 작은 꽃이 잎보다 먼저 연한 노란색으로 핀다. 꽃잎은 다섯 장, 수술은 여덟 개, 암술은 하나다. 열매는 시과翅果로 프로펠러 같은 날개가 있으며 9월에 익는다.

고로쇠라는 이름은 뼈에 이롭다는 뜻의 골리수骨利樹에서 유래하였다. 한방에서는 나무에 상처를 내어 흘러내린 즙을 풍당楓糖이라 하여 위장병·폐병·신경통 관절염 환자들에게 약수로 마시게 한다.

## 모순

민주주의를 제도화하는 데 기여하지 않는 사람도 민주주의를 누린다. 왜냐하면 그것이 민주주의이기 때문이다. 나는 고로쇠나무가 될 자신은 없다. 그러나 고로쇠나무를 보호하는 사람 정도는 되고 싶다. 그것이 고로쇠나무의 혜택을 입은 사람의 도리일 것이므로.

# 녹나무

2014. 5. 11.

**부산시민공원**

부산시민공원이 개장하였다. 미국 하야리아부대가 주둔하였던 곳을 환수하여 나무를 심고 호수와 광장을 만들어 시민에게 돌려주었다. 군데군데 문화 공간, 교육 공간을 만들어 공원의 기능을 확장하였다. 네 번 가보았는데 참 좋았다. 공원을 만든 분들께 감사드린다.

다만 아쉬운 것은 부산시민공원이라는 이름이다. 부산에 있는 공원에 부산을 넣어 호칭한다는 게 무슨 의미가 있을까? 다음으로 시민이다. 여기서 시민은 근대 시민 혁명을 주도한 그 시민은 아닌 것 같고 단지 행정구역인 광역시에 사는 시민을 뜻하는 것 같다.

'시민을 위하여'라는 의미를 생각해보면, 시민을 위하지 않은 공원이 어디 있나? 또한 시민이 수목, 꽃 중 일부를 기증했더라도 그것만으로 시민이 만들었다고 하기엔 어쩐지 의제적인 것 같다.

차라리 '자유공원' 이건 어떨까? 미군이 주둔하였고 그 전에는 일본군이 주둔하였던 곳을 자유롭게 이용하게 되었다는 의미도 있고, 쉼을 선택할 자유를 보장한다는 의미도 있고 말이다.

아니면 '치유공원'은 어떨까? 외로움에, 괴로움에 고통받는 사람이 이 공원에서 위로받고 제 삶을 살기 바란다는 뜻에서 말이다.

그러나 오해 마시라, 부산시민공원도 꽤 괜찮은 이름 같다.

### 녹나무

부산시민공원 서면 입구에 100년 된 녹나무가 있다. 도로 공사로 잘려나갈 뻔했는데 소유자가 기증하여 부산시민공원으로 옮겼다고 한다.

녹나무과에 속하는 상록교목이고 제주도에서 자란다. 키는 20미터 정도, 어린 가지는 황록색이다. 잎은 어긋나고 광택이 나며 세 개 잎맥이 나란히 나 있고, 어린 잎은 약간 붉은색이 돈다. 꽃은 5월에 새로 나온 가지의 잎겨드랑이에서 무리 지어 피고, 처음에는 하얀색을 띠지만 노란색으로 바뀌며, 꽃덮이 조각은 여섯 장이다.

### 공원 모델

시 예산으로 만들고 시민이 자유롭게 이용하는 공원은 복지 국가의 한 모델로 볼 수 있을 것 같다. 이미 제한적으로 실시하는 무상 급식, 무상 교육이 이와 같은 공원 모델을 실현했다고 볼 수 있다. 이런 공원 모델을 적용할 수 있는 분야로는 무엇이 더 있을까? 그런 생각을 하면서 공원의 밤 정취를 즐겼다.

# 전나무

2014. 8. 17.

### 전나무

전나무는 소나무과에 속하는 늘푸른큰키나무다. 젓나무라고도 한다. 높이 20~40미터, 지름 1.5미터가량으로 고산 지대에서 잘 자란다. 나무 껍질은 잿빛이 도는 암갈색으로 거칠며 비늘조각 모양이다.

스위스 필라투스산에서 협궤 열차를 타고 내려오다가 전나무 사진을 찍었다.

### 스위스

스위스는 다양성의 나라다. 공용어만 네 가지다. 독일어, 프랑스어, 이탈리아어, 로망슈어다. 로망슈어는 사용

자가 거의 없는데도 정부가 정책적으로 언어를 보존하기 위하여 공용어로 지정하였다고 한다.

행정 수도는 베른이고 사법 수도는 로잔이다. 인구는 취리히가 제일 많은데 40만 명 정도 된다. 1291년 우리·슈비츠·니트발덴 주가 반反합스부르크 연맹을 맺어 스위스 연방의 기초가 되었다. 1848년 베른을 수도로 하는 새로운 연방 국가가 구성되었다. 연방의회 건물 왼쪽에는 1291년, 오른쪽에는 1848년이 새겨져 있다. 아직도 직접민주주의 전통이 유지되고 있는 나라다.

스위스는 종교 개혁의 중심지였고, 그로 인해 연방이 분열되어 정치적·종교적 갈등 시기를 거쳤지만, 현재 주요 종교는 로마가톨릭, 개신교, 이슬람교다. 식당에 가보면 다양한 인종의 사람들이 근무하고 있음을 실감할 수 있다.

### 민주주의

스위스는 과거에 대부분 산지로 되어 있고, 산업의 발달이 늦어 가난하였다고 한다. 로마, 프랑스를 위하여 용병으로 싸우는 사람이 많았고, 루체른에 있는 '빈사瀕死의 사자상'은 프랑스 부르봉 왕조를 지키다 전사한 스위스 용병을 기리기 위해 만든 조각상이라고 한다. 알프스산맥을 관광 산업의 기초로 삼고 금융업과 정밀기계공업을 발전시켜 1인당 국민소득 8만 달러 부국을 만들었다.

스위스를 여행해본 사람이라면 스위스가 다양성의 나라임을 실감할 수 있다. 다양성을 더 큰 하나로 통합하기 위하여 스위스 사람이 채택한 제도는 민주주의였다. 역사와 문화가 다른 주들이었지만 개인에게 이익이 될 것 같아 1848년 연방 국가로 묶는 결단을 내렸다고 한다.

우리는 단일 민족을 유난히 강조하는 교육을 받아왔다. 언어와 문화가 동일한 것이 민주주의를 발전시키는 데 장애가 될 수도 있겠다 싶었다.

다른 생각을 존중하고 토론을 거쳐 결정을 내리고 결정에 승복하는 문화가 우리에게 부족한 게 아닐까, 그것 때문에 1인당 국민소득 2만 달러 수준에 머무르고 있는 것은 아닐까 하는 생각이 들었다, 필라투스에 서 있는 저 전나무를 보면서.

# 프라하의 48시간

2014. 9. 2.

**도난**

스위스 바젤에 있는 민사지방법원, 고등법원을 방문하고 취리히로 이동하여 비행기를 타고 체코 프라하에 도착하였다. 한식당에서 오랜만에 삼겹살을 먹고 소주도 한잔하였다. 건배사도 멋있게 하였다.

기분 좋게 회식을 마치고, 회식 전 잠시 풀어놓았던 색을 찾으니 없었다. 아무리 찾아도 없었다. 거짓말같이 없었다. 주변 사람들의 말을 종합하면 조금 전에 외국인으로 보이는 두 명이 식당에 들어왔다가 그대로 나갔다고 한다. 도난이다. 황당하였다.

색 속엔 여권이 들어 있고, 지갑도 들어 있고, 내가 아끼는 넥타이, 선글라스까지 들어 있다. 연이어 아내가 떠올랐다. 색을 사주면서 꼭 가슴에 메고 다니라고 하였는데, 지청구를 들을 생각을 하니 답답하였다.

몇 차례 시도 끝에 카드사에 국제 전화를 하여 카드 사용 정지를 시키고 일행의 위로를 건성으로 들으며 프라하 구시가지를 걸어 숙소에 도착하였다.

### 밤

잠이 오지 않았다.

첫째, 양복 호주머니에 넣어두었던 여권을 프라하공항에 내려 한식당으로 걸어가면서 불편하다고 색에 넣은 것이 떠올랐다. 그냥 양복 호주머니에 넣어두었으면 아무 일이 없었을 텐데….

둘째, 한국 돈만 들어 있는 지갑을 왜 색에 넣고 다녔을까? 어차피 한국 돈은 못 쓰는 것이니 트렁크에 넣어두면 될 것을 왜 색에 넣었을까? 한식당에 가기 전까지는 양복 호주머니에 넣었는데 왜 그걸 빼서 색에 넣었을까? 그리고 유로화는 왜 또 종이봉투에 넣고 다녔을까? 유로화를 지갑에 넣은 다음 지갑을 양복 호주머니에 넣고 한국 돈은 종이봉투에 넣어 트렁크에 넣었으면 좋았을 것을….

셋째, 프라하공항에 도착할 때까지 매고 있던 넥타이를 답답하다는 이유로 푼 것이 화근이었다. 배석 판사가 5년 전에 선물한, 중요한 행사 때만 매는 것인데. 선글라스는 어쩐다….

여권을 재발급받으러 프라하 경찰서와 한국 대사관에 가야 해서 일정 일부를 생략해야 할 텐데….

이런저런 걱정에 뒤척이다가 해가 뜰 무렵에야 겨우 잠이 들었다.

### 낮

도난 다음 날, 도난을 잊고 일정에 충실하려 애썼지만 마음대로 되지는 않았다. 그다음 날 오전에 프라하 법원 센터를 방문하고 오후에 프라하에 있는 외국인 경찰서를 찾았다.

철문에 설치된 인터폰을 통해 한참 대화를 한 다음에야 문이 열렸다. 불을 켜지 않아 약간 어두운 공간에서 경찰서 직원은 동행한 가이드 말을 듣더니 범죄 피해 보고서를 써줄 수 없다고 답변하였다. 나는 체코어를 할 수 없어 상황을 제대로 설명하지 못했다. 그의 말은 이러했다. 가이드는 도난의 증인이 아니며 그 외 도난의 증거가 없으니 여권 분실 신고만 받아주겠다는 것이었다.

한참을 가이드와 경찰서 직원이 언쟁을 벌이기에 참다 못해 내가 나서서 짧은 영어로 그 직원에게 항의하였다. '식사를 하기 위해 색을 풀어 의자 뒤에 두었고 회식이 끝난 후 색이 없어진 걸 알아차렸다. 그 사실을 식당 주인도 알고 있다. 최소한 식당 주인이라도 조사를 해봐야지 무조건 안 된다고 하면 어떻게 하느냐.' 이런 뜻을 전달하려 했지만 영어는 다르게 표현되었다.

경찰서 직원의 답변은 색을 풀어 의자 뒤에 둔 것은 분실로 볼 여지가 크다는 것이었다.

한국 대사관에 가야 할 시간도 다가오는데 보험금 청구를 포기해야 하나 고민하는 순간에 경찰서 직원이 교체되었다. 이 직원은 처음부터 호의적이었다. 나의 말을 이해하는 방향으로 들어주었다.

나중에 알고 봤더니 논쟁이 길어지자 가이드가 한국 대사관에 하소연하였고 대사관 직원이 경찰서에 전화를 한 것 같았다. 보험금을 부정하게 수령하려고 범죄 피해 보고서를 허위로 발급받는 사례가 많아 프라하 경찰서에서 엄격한 증명을 요청하기 때문에 일어난 일이었다.

두 시간 정도 걸려 범죄 피해 보고서를 만들고 근처 사진관에서 즉석 사진을 찍어 오후 5시 무렵에 한국 대사관에 도착하여 단수 여권을 재발급받았다.

체코 관공서는 아침 7시 반에 시작하고 오후 4시 반에 끝나는 경우가 많아 아슬아슬하게 일을 마친 셈이었다.

**밤**

그날 밤 나는 비싼 경비를 들인 체코 여행이 헛되지 않도록 다음과 같은 교훈을 끌어냈다.

하나, 원칙을 단순하게 정하자.

둘, 원칙을 정했다면 불편하더라도 그대로 밀고 가자.

셋, 돌이킬 수 없다면 받아들여라.

그리고 나는 경험했다, 자신의 억울한 상황을 제대로 설명할 수 없는 것이 큰 고통이라는 것을, 공무원이 내 말을 믿어주지 않을 때 매우 답답하고 때로는 화가 난다는 것을.

그렇게 프라하의 48시간은 기억에 강렬하게 남아 있다. 3주가 지난 지금 나는 나에게 묻는다. 나는 남의 말을 경청하고 있는가?

# 박태기나무

2015. 4. 21.

**박태기나무**

중학교 동창들과 경남 하동군 악양면 형제봉을 오르는 길에 친구가 길가에 붉은 꽃을 피운 나무를 가리키며 박태기나무라고 가르쳐주었다.

박태기나무의 꽃은 잎눈 부근에 일고여덟 개, 많을 때는 20~30개씩 모여 피며, 꽃이 많고 꽃자루가 짧아 가지 하나하나가 꽃방망이를 만들고 있는 것 같다. 꽃봉오리가 달려 있는 모양이 마치 밥알, 즉 '밥티기'와 닮았다고 하여 박태기나무라고 이름 붙였다고 한다.

색은 꽃자주색인데, 양반들이 먹던 하얀 쌀밥이 아니라 조나 수수의 밥알을 생각하면 이해가 빠를 것이다. 조상

들은 먹는 것과 연관된 이름을 나무에 많이 붙였다. 박태기나무도 그렇고 이팝나무도 그렇다. 콩목 콩과의 식물이라는 점도 특이하다.

### 가난한 시절

나는 중학교 다닐 때 가난하였다. 그때는 무상 교육이 아니었다. 교과서를 살 돈이 없어 친척 형이 쓰던 책을 물려받았고 참고서는 살 엄두조차 내지 못하였다. 시험이 다가오면 수열이란 친구에게 《완전학습 음악》을 빌려 하루 만에 보고 돌려주고, 선홍이란 친구에게 《필승 국사》를 빌려 하루 만에 보고 돌려주는 방법으로 공부하였다.

이러한 가난은 고등학교 1학년 겨울방학 때 김장하 선생님을 만나 장학금을 받으면서 해결되었다.

중학교를 다닐 무렵 나와 비슷하게 공부를 잘하는 친구가 있었다. 그는 진주고등학교로 진학했지만 가정 형편 때문에 중퇴하고 곧바로 취직하였다.

나는 가난이 얼마나 쉽게 인생을 흔들 수 있는지를 안다. 그래서 나라 형편이 옛날보다 나아졌다면 가난이 개인에게 미치는 영향력을 극복 가능한 수준으로 낮추어주었으면 하고 바란다. 나머지는 개인의 몫이다.

**우정과 박애**

1년에 한 번씩 중학교 동창들이 만나는데, 이번에는 하동에서 만났다. 그중에는 꽤 성공한 사람도 있고 예나 지금이나 힘든 삶을 살아가는 사람도 있다. 현재의 커다란 차이에도 불구하고 가난한 과거를 공유하였다는 점에서 우리는 평등하고, 그래서 해마다 만나는지도 모르겠다.

왕멍이 말했다. "우정은 반드시 잔을 부딪칠 필요가 없다. 우정은 의가 좋을 필요가 없다." 우정은 우리가 서로 영원히 잊지 않는 것이다. 가난했던 과거도 잊지 않는 것이다. 우정이 사회 내로 들어가면 농도는 옅어지겠지만 박애가 되는 게 아닐까? 박애를 바탕으로 이 사회를 재구성하는 방법은 없는 걸까?

나는 저 박태기나무를 보면서 생각했다. 나는 이 사회에 의무를 다하고 있는가?

# 칠엽수

2016. 5. 25.

**산책**

  종종 부산시민공원을 산책한다. 아침에 갈 때도 있고, 밤에 갈 때도 있다. 아침은 아침이라서 좋고, 밤은 밤이라서 좋다. 나무가 많다. 나무마다 이름표가 달려 있어 나무 이름을 외우기에 좋다. 진주지원에 근무할 때도 연암공대 뒷산을 자주 갔다. 나무에 이름표가 달려 있어서 나무 이름을 외우는 재미가 있었다.

  사람을 사귀는 데 좋은 첫 번째 방법은 상대방의 이름을 외우는 것이다. 이름을 불러주어야만 그 사람이 나에게로 와서 꽃이 된다는 김춘수 시인의 말처럼, 이름을 불러주는 것은 효과가 크다. 나무라고 다르겠는가? 내가 나무의 이름을 불러주면 그는 나에게로 와서 나의 나무가 된다.

　오늘은 산책길에 칠엽수를 만났다. 칠엽수 열 그루 남짓 열을 지어 심어져 있었다. 봄 햇살을 받고 바람을 입어 싱그러웠다.

**칠엽수**

　일본 원산으로 중부 이남에서 심어 기르는 낙엽큰키나무다. 줄기는 높이 30미터에 이른다. 잎은 어긋나며, 작은 잎 다섯 장에서 일곱 장이 모인 손바닥 모양 겹잎이다. 작은 잎은 긴 도란형, 가운데 가장 큰 것은 길이 15~40센티미터, 폭 4~15센티미터, 가장자리에 겹톱니가 있다. 잎 뒷면에 부드러운 붉은 갈색 털이 있다. 꽃은 5~6월에 가지 끝의 원추꽃차례로 달리며, 붉은빛을 띠는 흰색이다. 꽃차례는 길이 15~25센티미터다. 꽃받침은 불규칙하게 다섯 갈래로 갈라지며, 꽃잎은 네 장, 수술은 일곱 개다. 열매는 삭과蒴果이며 세 개로 갈라진다. 국내에서 '마로니에'로 부르기도 한다.

　잎이 일곱 개라서 칠엽수라고 이름을 붙인 모양인데, 잎이 실제로는 다섯 개에서 일곱 개인 모양이다.

### 개명

가정법원에서 개명 사건을 처리한다. 개명 전 이름을 보면 '말자' '헌자' '영자'와 같이 '자'로 끝나는 이름이 많고, 남녀를 혼동할 수 있는 이름이 많다. 이름이 괜찮아 보이는데도 개명하겠다는 경우도 제법 많다.

웬만하면 고쳐주지만, A라는 이름에서 B라는 이름으로 개명을 허가하였고, 곧이어 A로 바꾸어달라고 해서 다시 허가했는데, 또다시 B로 바꾸어달라는 신청이 들어온 사건에서, 3년 안에 이름을 세 번이나 바꾸는 것은 문제가 있고 숙고의 시간이 필요하다고 보고 기각한 적도 있다.

개명 이름을 보면 경향이 있다. 요즘은 '준서'와 같이 '서'가 들어 있는 이름을 선호하는 것 같다. 드라마의 영향인지 '서영'이라는 이름으로 바꾸어달라는 사건도 제법 있다.

잎이 일곱 개라고 보아 칠엽수라고 지었는데 실제로 다섯, 여섯, 일곱 장이면 개명을 해야 할까? 오육칠엽수?

그러고 보니 나의 필명 자작나무는 과하다는 느낌을 지울 수가 없다. 그럼 개명을 해야 하나? 평민나무?

# 2 _____ 일독을 권한다

# 나무야 나무야를 다시 읽고

2006. 9. 28.

《신영복 함께 읽기》라는 책을 읽고 문득 서재에 꽂힌 신영복 선생의 《나무야 나무야》를 꺼내 들었다. 1996년 10월 18일 김장하 선생으로부터 선물받은 것으로서 "선생님이 주신 뜻을 생각하며" 읽었다고 그 책 끄트머리에 적혀 있었다. 다시 읽었는데 예전의 기억은 살아나지 아니하였다. 아마도 읽은 지 오래되었거나 예전에 건성으로 읽은 탓이리라.

이 책은 신영복 선생이 국내 여행을 하면서 엽서 형식으로 띄운 글을 모은 것이다. 허준과 스승의 이야기가 숨 쉬는 밀양 얼음골, 황희와 한명회가 지은 반구정과 압구정, 만해가 수행하고 일해(전두환 전 대통령)가 쫓긴 삶을 살아간 백담사, 단종의 유배지 청령포, 충무공의 한산섬, 남명 조식 선생의 혼이 숨 쉬는 지리산 등등이 신영복 선생이 다녀간 곳들이다.

평강공주의 혼이 어린 온달산성에서 띄운 엽서와("현명한 사람은 자기를 세상에 잘 맞추는 사람이고 어리석은 사람은 세상을 자기에 맞추려고 하는 사람이라고 한다. 역설적이게도 세상은 이런 어리석은 사람들의 우직함으로 인하여 조금씩 나은 것으로 변화해 간다")

단종의 유배지 청령포에서 띄운 엽서와("정政은 정正이고 권權은 균형均衡")

충무공의 삶이 녹아 있는 한산섬에서 띄운 엽서와("천재와 위인을 부정하는 당신의 이유를 알 것 같습니다. 광화문의 동상 속에 충무공이 없다는 당신의 말을 알 수 있습니다. 가장 강한 사람이란 가장 많은 사람의 힘을 이끌어내는 사람이며, 가장 현명한 사람이란 가장 많은 사람의 말을 귀담아듣는 사람이기 때문입니다")

남명 조식 선생의 산천재에서 띄운 엽서와("재야의 요체는 독립성이라 믿습니다. 오늘로부터의 독립이라 믿습니다")

섬진강 나루에서 띄운 엽서와("없이 사는 사람들의 부정은 흔히 그 외형이 파렴치하고 거칠게 마련이지만 그것은 마치 맨손으로 일하는 사람의 손마디가 거친 까닭과 같은 이치라고 생각합니다")

강릉 단오제에서 띄운 엽서가("조調는 글자 그대로 말을 두루周 아우르는 민주적 원리이며 화和는 쌀禾을 나누어 먹는口 밥상 공동체임에 틀림없습니다") 특히 기억에 남는다.

없이 사는 사람들의 거친 범죄에 분노하는 자신을 성찰하는 밤이다. 맨손으로 일하는 그들의 거친 손마디에도 주의를 돌려야 하지 않을까?

# 공부의 즐거움을 읽고

2006. 10. 14.

공부 달인 30인이 쓴 《공부의 즐거움》을 읽었다.

저자를 훑어보면 《우리 선비》를 쓴 서울대 국사학과 정옥자 교수, 나노 소재 기술 분야에서 세계 최고 수준을 달성한 서울대 물리학과 임지순 교수, 한반도 역사를 구석기 시대까지 끌어올린 선사고고학자 손보기 교수, 세상에서 공부만큼 즐거운 것이 없다는 전 서울대 국문학과 조동일 교수…. 가히 공부 달인이라고 부를 만한 서른 분이 등장한다.

공부는 삶이다. 공부는 새로움이다. 공부는 즐거움이다. 공부는 깨달음이다. 이 네 가지 주제로 공부에 대한 생각을 펼쳐놓았다.

서강대 장영희 교수는 한 살에 소아마비에 걸려 순전히 장애인이라는 이유로 단 한 가지 재능까지도 원천 봉쇄하려는 사회와 싸워 이기기 위해 열심히 공부했고 마침내 이겼다고 고백한다. 그녀는 지금 암 투병 중인데, 암 투병 환자들과의 만남을 통하여 오늘 살아 있음에 감사하는 마음을 배운다고 한다.

대학을 졸업하고 10년간 주부로 살다가 뒤늦게 공부를 시작하여 서울대 국사학과 교수, 규장각 관장이 된 장옥자 님은 오직 공부하는 것이 유일한 즐거움이라는 사실을 새롭게 확인하였다고 한다.

'연구공간 수유+너머'를 창립한 고미숙 박사의 일갈은 여운이 오래 남았다. 지관 스님의 "불교에 외부란 없다. 따라서 불교에서 개종이란 자비심을 잃는 것을 뜻할 뿐이다"라는 말에 빗대어 게송을 읊듯 공부에 대해 말하는 부분이다. 즉, 공부에 외부란 없다. 공부가 원초적 본능이자 삶의 모든 과정이라면 공부하지 않는 것은 존재하지 않는 게 된다.

공룡 박사인 이융남 님이 스승 제이콥스 교수로부터 들었다는, 기초 없는 학문은 거짓말을 하게 할 뿐이라는 문구, 이재호 교수가 소개한 에밀 꾸에의 "나는 매일 모든 면에서 점점 더 좋아진다"는 말, 이재호 교수의 "매순간 배운다는 마음으로 탐구하는" 각오는 살아가면서 한 번쯤 되새김질해볼 만하다.

전 도시철도공사 사장인 제타룡 님이 소개한 너새니얼 호손의 '인간성의 고리' 이론도 음미해볼 만한 가치가 높다. 인간은 주변 사람들과 보이지 않는 고리로 연결되어 있다고 한다. 부모일 수도 친구일 수도 동료일 수도 있다. 그런데 반윤리적이거나 비도덕적일 때는 이 고리가 끊어져 결국 불행하게 사는 것이다. 그 바탕에서 쓴 책이 《주홍글자》라고 한다.

임형택 교수의 풀이에 의하면 공부는 사람이 노력하고 연마함을 의미했고 송대의 성리학자들이 이 단어를 학문 수양에 쓰기 시작했다고 한다.

미술사학자 최완수 님의 소개에 의하면 "성인은 태어나면서 이理(세상 이치)를 알고 현인은 배워서 이를 안다"라고 하니 범부의 공부란 끝이 있을 리 없다.

공부의 즐거움, 에듀테인먼트Edutainment, 즉 교육과 오락이 함께 어우러져 배움의 보람과 놀이의 즐거움을 모두 얻을 수 있게 하는 것이 이 시대의 화두라고 한다. 공부는 좋은 대학교를 가려고 억지로 일시적으로 하는 게 아니라

한 인간이 세상을 살아가는 동안 즐거움으로 삼을 거리가 되어야 하지 않을까?

나는 서재에 500권의 책을 소장하고 있다. 그 책이 5천 권에 이르고 그 과정에서 의문을 발견하고 해답의 실마리를 찾을 때 이를 공개하고 싶다. 그때까지 공부는 계속될 것이다. 그 이후에도 공부는 계속될 것이다.

공부의 끝을 알고 싶은 청소년에게 일독을 권한다.

# 법의 정신을 다시 읽고

2007. 3. 15.

몽테스키외의 《법의 정신》을 다시 읽었다. 창원에서 부산으로 이사하는 과정에서 서점에 갈 여유가 없어 책장에 있던 《법의 정신》을 꺼내들었다.

몽테스키외는 보르도대학교에서 법률을 공부하였고 백부로부터 이어받은 고등법원장직을 버리고 문필 활동에 전념하였다. 20여 년에 걸친 노력 끝에 《법의 정신》을 완성하였고, 출간 당시에도 22쇄를 발행할 정도로 커다란 성공을 거두었다고 한다.

그는 선험적 이론으로서는 법을 연구할 수 없고 우리가 생활하고 있는 구체적 현실의 상황에서 출발해야 한다고 믿고, 영국 헌법의 원리를 분석하여, 개인의 자유는 국가 권력이 사법·입법·행정으로 나뉘어 상호 규제 및 견제함으로써 비로소 확립된다고 하는 3권 분립 이론을 주장하였다. 또한 당시 프랑스가 로마법에 의해서 지배받고 있다는 비판 의식에서 출발하여 각 민족의 정체, 풍습, 풍토 등에 적합한 법의 탐구에 집중하였다.

몽테스키외는 정체를 공화정체 및 민주정체, 군주정체, 전제정체 등 세 가지로 나누고 각 정체의 본성과 원리를 분석한다. 민주정체에서는 덕성이 필요하고, 군주정체에서는 명예가 중요하며, 전제정체에서는 공포가 필요하다고 주장한다. 그의 주장을 요약하면 다음과 같다.

입법자가 제정하는 법은 반드시 정체의 원리와 관련되어야 한다. 민주정체에서는 평등과 질박을 고취하는 방향으로, 군주정체에서는 귀족을 유지하는 방향으로, 전제정체에서는 모든 일을 두세 가지 관념에 의거해 법을 제정해야 한다.

사치금지법도 군주정체에서는 유해할 수 있다. 군주정체의 기본 구조를 볼 때 부가 불평등하게 배분되어 있으므로 부자가 소비를 하지 않으면 가난한 자는 굶어 죽을 수도 있기 때문이다.

민주정체는 사람들이 평등의 정신을 잃을 때 부패한다.

또한 각자가, 선출된 자와 평등해지려고 할 때에도 부패한다. 그렇게 되면 국민은 자기가 위임한 권력까지도 견딜 수가 없어서 모든 것을 그 자신이 하려고만 한다. 군주정체는 국왕이 여러 단체의 특권이나 도시의 특권을 빼앗았을 때 부패한다. 전제정체의 원리는 본성부터 부패되어 있기 때문에 끊임없이 부패한다.

하나의 인간이나 단체의 수중에 입법권과 집행권이 동시에 있다면 자유란 존재하지 않는다. 재판권이 입법권과 집행권으로부터 분리되어 있지 않을 때에도 자유는 존재할 수 없다. 하나의 인간이나 단체가 세 가지 권력을 행사한다면 모든 것은 상실되고 말 것이다.

재판권은 선출된 사람들에 의해서 행사되어야 한다. 재판소가 고성석이서는 안 되지만, 판결은 그것이 법률의 정확한 조문이어야 한다는 정도로 고정적이어야 한다. 재판관은 피고와 같은 신분의 사람이어야 하는데, 피고가 자기에게 폭력을 휘두를 것 같은 사람들의 수중에 빠진 것이 아닌가 하고 생각하는 일이 없도록 하기 위해서다.

더운 지방에서는 땀을 많이 흘리게 된다. 따라서 음주를 금한 마호메트의 법은 아라비아의 법이다. 이렇게 그 나라 풍토에 기초를 두고 있는 종교는 풍토가 다른 나라에서는 뿌리를 내릴 수가 없다.

군주가 국민에게 큰 변화를 일으키고자 할 때는, 법에 의해 설정된 것은 법에 의해 개혁하고, 생활양식에 의해 형성된 것은 생활양식에 의해 변경해야 한다. 범죄를 저지하기 위해서는 형벌이라는 방법이 있다. 생활양식을 변경하기 위해서도 방법이 있다. 모범이 그것이다. 형벌은 악으로 인한 많은 결과를 저지하지만 악 자체를 제거하지는 못한다.

몽테스키외는 집필의 목적이 중용의 정신이 입법자의 정신이어야 한다는 것을 증명하기 위해서라고 말한다. 정치적 선은 도덕적 선과 같이 언제나 두 극단 사이에 있다.

십이동판법은 추적당하던 절도범이 저항하면 죽여도 무방하다고 규정하고 있다. 그러나 이 법은 절도범을 죽이는 자는 고함을 질러 시민을 부르도록 명하고 있다. 시민의 안전과 자유에 이토록 어긋날 가능성이 있는 법은 시민의 면전에서 집행되지 않으면 안 된다.

법의 문체는 간단해야 한다. 법의 문체는 평이해야 한다. 법은 또한 너무 정묘해서는 아니 된다. 충분한 이유 없이 법을 변경해서는 아니 된다. 법에서 예외나 제한이 필요하지 않다면 하지 않는 것이 낫다. 법에는 청정함이 필요하다.

　몽테스키외는 이 책에서 로마법, 모스크바공국법, 일본법, 중국법, 조선법을 비롯하여 동서고금의 자료를 인용하는데 그의 지적 노력에 저절로 탄성이 인다. 그가 이 책에서 내내 주장하는 것은 어느 나라에 선한 법이 다른 나라에서는 악한 법이 될 수 있다는 점이다.

　법에 관심이 많은 분들, 특히 사법연수생을 포함한 법률가들에게 반드시 일독해주실 것을 권한다. 《법의 정신》을 읽지 않고 법률가가 되는 것은 《토정비결》 한 번 안 읽고 남의 사주를 봐주는 것과 같다고 말하면 지나칠까?

# 변신과 시골 의사를 읽고

2007. 11. 26.

 카프카의 소설은 어렵다.
 〈변신〉에서 그레고르 잠자는 어느 날 갑자기 흉측한 해충으로 변신한다. 누이동생은 그의 변신을 즉각 알아채고 그를 보호하려고 애썼지만 나중에는 아버지에게 "이게 오빠라는 생각을 버리셔야 해요. 우리가 이렇게 오래 그렇게 믿었다는 것, 그것이야말로 우리의 진짜 불행이에요"라고 말할 정도로 지친다.
 그레고르는 가족에게 말을 건네나 가족은 자신의 말을 알아듣지 못한다. 결국 해충은 아버지가 던진 사과에 등을 맞고 스러져간다.
 아버지와 어머니, 누이동생은 전차를 타고 교외로 나가

집을 한번 바꾸기로 의논한다. 작가는 인간관계의 단절을 이야기하는 게 아닌가 싶다.

〈시골 의사〉는 거센 눈보라가 몰아치는 어느 날 공의公醫가 어렵게 구한 말을 타고 어린 환자의 집에 왕진 가는 것으로 시작한다.

환자 식구들과 촌로들이 와서 의사의 옷을 벗긴 채 환자의 방에 두고 나간다. 의사는 넋두리를 할 뿐 특별한 치료를 하지 못하고, 오히려 자신의 구원을 생각한다. 시골 의사는 서둘러 옷을 입고 귀가한다. 인간이 인간을 구원할 수 없다는, 어떤 절망감을 표현한 것 같다.

〈학술원에의 보고〉〈굴〉 같은 작품에는 출구를 찾기 위한 노력, 출구 없는 절망적 상황이 그려져 있다.

카프카의 소설은 어렵디. 누군가는 이찐지 슬프고 질망스럽고 꿈꾸는 듯한 카프카의 삶과 욕망을 느낄지도 모르겠다.

# 팡세를 읽고

2007. 12. 15.

파스칼의 《팡세》를 읽었다.

파스칼은 1623년에 태어나 1662년 39세를 일기로 사망하였다. 그는 초기에 과학자로서 놀라운 업적을 세웠지만, 1656년 장세니스트들에 대한 예수회의 공격에 대응하여 장세니즘을 변론하게 되면서 기독교 신앙에 매달려 기독교 호교론에 관심을 집중한다. 그러는 와중에도 최초의 대중 교통수단인 승합 마차를 고안하여 파리 시내에서 운행되게 한다.

《팡세》는 그가 죽은 한참 뒤인 1670년 '종교 및 기타 주제에 관한 파스칼의 사상'이라는 제목으로 출간되었다.

이 책의 주된 내용은 기독교 호교론이다. 호교론은 크게 두 부분으로 되어 있다. 1부는 '신 없는 인간의 비참'이고 2부는 '신 있는 인간의 복됨'이다. 즉 인간성이 타락하였음을 보여주고 인간을 구원할 구속자가 있음을 입증하는 것이다.

파스칼의 호교론은 종교가 결코 이성에 어긋나지 않음을 밝히는 것에서부터 시작한다. 종교에 대한 멸시를 존경으로 돌려놓은 다음 종교에 대한 사랑의 마음을 불어넣는 것이 그의 두 번째 과제다.

한마디로 《팡세》는 전반부의 인간학과 후반부의 신학 두 부분으로 구성되어 있으며 그 중간에 이 이질적인 양자를 접합하기 위한 연결 부분이 있다.

인간의 비참을 삶의 모든 층위에서 예리하게 추적한 파스칼은 여기서 새로운 주제를 개입시킨다. 인간이 자신의 상태를 비참으로 느끼는 이 의식이 바로 인간의 위대를 반증한다는 것이다. 인간은 비참하기 때문에 위대하다는 역설이 파스칼의 핵심 주장이다. 더 정확히 말하자면 인간이 비참하다는 것보다 이 비참을 아는 것이 더 중요하다.

이성의 원리에 입각할 때 우리는 신이 있다고도 또 신이 없다고도 확언할 수 없으며, 이 점에서 유신론자와 무신론자는 피장파장이다. 그러나 '신이 있다'와 '신이 없다' 중에서 무엇이 우리에게 수지맞는가를 따져보자고 제안한다. 이것은 지극히 타산적인 계산 방법이며 파스칼은 내기의 확률론을 동원하여 '신이 있다'가 압도적으로 이롭다는 결론을 도출한다.

유고 논문이 대개 그러하듯이 온전히 이해하는 데 어려움이 따른다. 주제도 어렵고 제시되는 근거도 다양하고 풍부하다. 영원의 행복을 생각해봤다면 한 번쯤 읽어볼 만한 책이라고 생각한다. '습관이야말로 가장 강력하고 가장 신뢰받는 증명을 이룬다'라는 제목의 서문을 읽으면 이 책의 내용이 예사롭지 않으리라는 것을 눈치채리라.

# 도덕경을 다시 읽고

2008. 2. 3.

친구로부터 노자의 《도덕경》을 선물받아 며칠에 걸쳐 읽었다.

1983년 대학교 1학년 때 처음 《도덕경》을 읽고 많은 위안을 얻었던 기억이 난다. 많은 이가 독재 타도를 외치며 잡혀가고 심지어 자살로 진리를 말하는 상황에서 아무것도 하지 못하는 무위無爲의 도를 말하는 노자는 내게 많은 위안을 주었다. 내가 읽었던 《도덕경》이 노자의 사상과 달랐는지는 모르지만, 노자의 《도덕경》에는 이런 함정이 있음을 부인할 수는 없을 것이다.

우선 노자는 도가 무엇인가, 덕이 무엇인가를 명료하게 말하지 아니한다. 오히려 도라고 할 수 있는 도는 도가 아니라고 함으로써 더욱 이해를 어렵게 한다. 그가 말하는 무위는 유위有爲의 반대인가? 유위의 한계인가?

《도덕경》은 기원전 6세기 춘추전국 시대를 살았던 노자가 남긴 글로서 때로는 은자隱者의 사상으로, 때로는 도인의 사상으로 평가되어왔지만, 그의 사상을 한마디로 정의하기는 어렵다. 다만 톨스토이도 노자의《도덕경》을 읽고《인생이란 무엇인가》라는 책 여러 군데에서 인용했듯이, 동서고금을 통틀어 많은 이에게 영향을 준 것만큼은 틀림없다.

노자의 무위를 이해하기 위해서는 공자의 사상과 연관 지을 필요가 있다고 본다. 공자의 인의예지仁義禮智를 인위라고 보고 이를 초월한 자연 상태를 강조한 것이 노자의 무위가 아닌가 짐작해본다.

# 차라투스트라는 이렇게 말했다를 읽고

2008. 4. 8.

읽어도 잘 이해되지 아니하는 책이 있다. 그렇지만 무턱대고 읽다 보면 윤곽 정도는 그려지는 책이 있다. 니체의 《차라투스트라는 이렇게 말했다》가 나에겐 그런 책이다.

니체는 1844년 프로이센에서 태어나 1900년 바이마르에서 사망할 때까지 결코 순탄하지 않은 인생을 살았다. 1882년 살로메에게 두 차례 청혼하지만 거절당하고, 1887년 건강이 악화된 상태에서 살로메의 결혼 소식을 듣고서 우울증에 빠진다.

이 책은 차라투스트라가 여행을 다니면서 말하는 형식을 취한다. 차라투스트라는 페르시아의 배화교를 창시한 조로아스터의 독일식 발음이다.

니체는 "신은 죽었다"를 선언하는 것으로 글을 시작한다. 신이 인간의 자유의지를 억제한다고 보았기 때문이 아닌가 싶다. 니체에게 중요한 개념은 인간의 자유의지다. 니체는 뚜렷한 목적 없이 여행을 떠나는 것으로 인생을 상정한다. 따라서 니체가 강조하는 초인은 자기를 극복하는 존재일 뿐 어떤 소명 의식을 가진 존재로 상정하지는 아니한다.

너무나 많은 주제를 담고 있고 비유와 상징을 많이 사용하여, 이해하기 어려운 책이다. 그러나 기존의 사상과 뚜렷하게 구별되는 책임에는 틀림없다.

# 감시와 처벌을 읽고

2009. 11. 22.

미셸 푸코의 《감시와 처벌: 감옥의 역사》를 읽었다.

저자는 프랑스에서 1926년 태어나 철학, 심리학, 정신병리학을 연구하여 1984년 사망할 때까지 꼴레쥬드프랑스 능 세계 여러 대학에서 강의를 했다. 권력이 인간과 신체를 어떻게 처벌하고 감시하였으며, 그 과정에서 근대적 인간이 어떻게 탄생했는지 기술한 책이다.

근대적 감옥과 사법 제도는 범법자들을 교화시키고 그들을 선량한 시민으로 변화시키기는커녕 새로운 범죄자들을 만들어내는 제도적 장치가 되었고, 권력은 이것을 정치적·경제적으로 이용했다는 것이 저자의 주장이다. 과거 위험한 범죄자를 단순히 격리시키는 것에 불과했던 감금은 수감자에 대한 절대적 권력의 감시로 확산되었다는 것이 저자의 생각이다.

  매우 이해하기 어려운 책이다. 이 점이 우선 당혹스럽다. 조금 이해한 내용도 법률가의 입장에서 받아들이기 어려운 내용이 많다. 이 점은 더욱 당혹스럽다. 참고 이해를 계속 넓혀가다 보면 저자가 말하는 내용은 몰라도 방향은 이해할 수 있으리라.

# 파리의 노트르담을 읽고

2010. 1. 26.

빅토르 위고 《파리의 노트르담》을 읽었다('의' 자가 불필요하게 많이 들어간다는 선배의 지적에 따라 되도록 '의' 자를 빼고 써 보겠습니다).

이 책은 빅토르 위고가 소설가로서 명성을 굳힌 작품이다. 저자는 1848년 2월 혁명을 계기로 왕당파에서 철두철미한 공화주의자로 변신했고 나폴레옹 3세 집권과 함께 20여 년 망명과 추방 생활을 한 '좌파'이지만(당시 기준으로 볼 때) 좌파 성향 때문에 작품의 위대성이 손상되거나, 손상되었다는 평가를 받지 않는다. 어느 사회에나 있는 극소수 예외를 제외하고.

번역자인 정기수 교수의 설명에 따르면, 부주교 클로드

프롤로는 빅토르 위고의 분신이다. 위고는 아내의 거절로 말미암아 반半성직자적 정결을 지켜왔다. 또 그것이 어떻게 해결된다 하더라도, 위고의 비극은, 성직자처럼 자기 역시 서원에 구속되어 있다고 느낀 데에 있었다고 한다.

뮤지컬로 보았을 때와 느낌이 다르다. 15세기 파리를 배경으로 펼쳐지는 낭만주의 역사 소설이다. 일독을 권한다.

# 호밀밭의 파수꾼을 읽고

2010. 4. 10.

J. D. 샐린저 《호밀밭의 파수꾼》을 읽었다.

작가는 1919년 1월 1일 뉴욕에서 태어났고, 맥버니중학교에서 성적 불량으로 퇴학당하고, 열다섯 살 때 발레포지육군소년학교를 다녔다. 1937년 뉴욕대학교에 입학하였으나 몇 주 후 퇴학당했다.

고등학교를 네 번 퇴학당한 홀든 콜필드가 위선에 찬 어른들의 세계를 바라보며 겪는 성장의 아픔을 그려내고 있다.

소설 중간중간에 "이건 농담이 아니다" "그건 정말입니다"라는 표현이 나온다. 홀든은 세상에 적응하지 못하고 세상도 홀든을 미덥게 보지 않는다.

홀든이 퇴학당한 후 서부로 도피하려는 순간 여동생 피비가 짐을 싸서 오빠를 따라가겠다고 나서고, 홀든은 피비의 순수한 사랑에 감동하여 현실로 복귀한다. 사춘기 자녀를 둔 부모가 읽어보면 좋을 책이다.

# 정의란 무엇인가를 읽고

2010. 6. 6.

마이클 샌델 교수가 쓴 《정의란 무엇인가》를 읽었다.

저자는 미국 하버드대학교에서 정치철학을 가르치고 있는데 그의 수업은 20여 년 동안 학생들 사이에서 최고의 명강의로 손꼽히고 있다고 한다.

이 책은 정의를 이해하는 세 가지 방식을 탐색한다.

하나, 공리나 행복의 극대화다.

둘, 선택의 자유를 존중하는 것이다. 그 선택은 자유 시장에서 사람들이 실제 행하는 선택일 수도 있고(자유지상주의 견해), 원초적으로 평등한 위치에서 행할 법한 가언적 선택일 수도 있다(존 롤스 같은 자유주의적 평등주의 견해).

셋, 미덕을 키우고 공동선을 고민하는 것이다(저자의 견해).

저자는 공동선을 추구하는 새로운 정치는

하나, 시민의식, 희생, 봉사,

둘, 시장의 도덕적 한계,

셋, 불평등, 연대, 시민의 미덕,

넷, 도덕에 개입하는 모습을 보인다고 주장한다.

'정의란 무엇인가'라는 해묵은, 그러나 여전히 중요한 논쟁의 완결판이라고 볼 수 있다. 아리스토텔레스를 불러내 자신의 견해를 뒷받침하고 존 롤스의 연구 성과를 자양분으로 삼으면서 그 한계를 뛰어넘으려는 저자의 고민과 성과가 보인다.

무수히 많은 사례를 들어가며 각자의 철학에 따른 결론과 그 문제점을 상세히 분석한 다음 저자의 철학을 제시하는 서술 방식이 매우 강력하고 일관되어 있다. 정의라는 주제에 관하여 관심 있는 사람은 반드시 읽어야 할 또 하나의 고전이다.

# 자유론을 읽고

2011. 6. 9.

존 스튜어트 밀 《자유론》를 읽었다.

지금 읽는 것이 부끄럽지만 지금이라도 읽은 것을 다행스럽게 생각한다. 책 소개는 번역자인 박홍규 영남대학교 교수의 글을 참고하면 도움이 될 것 같다.

자유론은 남북한 대립을 비롯한 수많은 대립적 의견이 상충하는 우리 현실에서 그 모든 의견의 평화 공존을 위한 최소 조건의 틀로 삼을 필요가 있다.

사회의 도덕적 획일성을 유지하려는 법적 강제를 확고하게 반대하는 입장, 그런 법적 강제로부터 시민의 자율성을 확보하고자 하는 생각은 지금의 어떤 진보적 사고나 정책보다 앞서 있다. 아나키즘적 자유론이라고도 할 수 있을 정도다.

  이 책을 읽고 두 가지를 느꼈다. 책의 전부를 읽지 않고 남이 인용하는 일부를 읽을 경우 진의를 제대로 알 수 없다는 점, 1859년 쓴 이 책이 지금도 유효하다는 점이다.

  일독을 권한다.

# 25시를 읽고

2011. 6. 14.

게오르규 《25시》를 읽었다.

저자는 루마니아 몰다비아 지방의 작은 산마을에서 가난한 성직자의 아들로 태어났다.

이 소설엔 주인공인 루마니아 농부 요한 모리즈, 그의 아내 스잔나, 〈25시〉라는 소설을 쓰고 있는 작가 트라이안 코루가가 등장한다.

시대적 배경은 제2차 세계대전 전후다. 요한 모리츠는 아내를 탐내는 헌병대 소장의 계략에 유대인으로 몰려 루마니아 수용소, 헝가리 수용소, 독일 수용소, 미국 수용소에 13년간 수용되는 가혹한 운명을 맞게 된다.

게오르규에 의하면 유럽 사회는 세 가지의 훌륭한 유산

을 상속받았다. 그리스인이 남긴 아름다움에 대한 사랑과 존경, 기독교가 가르쳐준 인간에 대한 사랑과 존중, 로마인이 보여준 정의에 대한 사랑과 존경이다. 그러나 현대 기계 사회는 이 세 가지 귀한 유산을 상실했다는 것이다.

이 작품을 읽고 나면 나치가 왜 나빴던 것인지를 생생하게 알 수 있다. 작가가 개인을 강조하는 이유를 충분히 알 수 있다. 이 사회가 나아갈 길은 자유와 평등, 자유와 평등 사이 균형을 이뤄내는 잣대로서의 정의에 있다고 생각하였다.

일독을 권한다.

# 에밀을 읽고

2011. 10. 21.

장 자크 루소 《에밀》을 읽었다.

《에밀》은 루소의 교육론이지만 어떤 의미에서는 정치학이다. 아이를 어떻게 가르칠 것인가는 어떤 국가를 만들 것인가와 관계가 있기 때문이다.

가상의 소년 에밀은 부유하고 건강 상태가 아주 양호한 귀족 가문 출신의 고아이고, 첫눈에 예쁘지는 않지만 볼수록 예쁜, 가상의 소녀 소피와 결혼한다.

시간순 총 5부로 구성되어 있다. 유년기, 다섯 살에서 열두 살까지, 열두 살에서 열다섯 살까지, 열다섯 살에서 스무 살까지, 스무 살에서 결혼까지다. 스무 살에서 결혼까지가 가장 많은 분량을 차지한다.

이 책에 관하여 이러저러한 비판이 있다. 루소가 아이들을 고아원에 보낸 것을 두고 이 책을 폄하하는 사람도 있다. 루소에게 그럴 만한 사정이 있지 않았겠는가?

남녀 평등을 주장하는 여성의 눈에는 시대에 뒤떨어진 것으로 볼 만한 주장도 있다. 그렇다면 그것은 당신이 극복하면 될 것이다.

평소 자녀 교육론으로 최소 간섭과 성선설을 주장해왔던 나에게 힘을 실어주는 책임에 틀림없다.

자녀 교육 역시 옳다면 실천하는 것이지, 옳은 줄 아는데 현실론 때문에 실천하지 못한다는 것은 옳다고 생각하는 게 아니다.

# 손자병법을 읽고

2012. 1. 23.

　손자의 《손자병법》을 김원중 교수 번역본으로 읽었다.
　저자는 본명 손무, 기원전 6세기 초·제·진을 굴복시켜 오나라의 왕 합려를 중원의 패자霸者로 만들었다. 손자는 싸우지 않고도 적을 굴복시키는 것이 작전의 으뜸이라고 가르치고 있지만 일단 싸우면 반드시 이기는 방법도 알려주고 있다.
　선생이 여고생들에게 말하였다. "너희들은 비둘기처럼 순수하고 뱀처럼 교활하여라."
　학생이 물었다. "비둘기처럼 순수하면 되지 뱀처럼 교활할 필요가 있습니까?"
　선생이 답하였다. "뱀처럼 교활하지 못하면 비둘기처럼

순수할 필요는 없다."

　필승도 중요하지만 불패도 그만큼 중요하다고 강조한 부분이 특히 와닿았다. 이순신 장군이 임진왜란에 임하는 자세가 이러하였다고 김훈은 《칼의 노래》에서 서술하였다.

# 피로사회를 읽고

2012. 4. 21.

한병철의 《피로사회》를 읽었다.

저자는 고려대학교에서 금속공학을 전공한 뒤 독일에서 하이데거에 관한 논문으로 박사학위를 받고 현재 카를스루에 조형예술대학에서 교수로 재직 중이다. 저자는 이 책을 통해 독일에서 사회적 반향을 일으키며 가장 주목받는 문화비평가로 떠올랐다고 한다.

이 책의 핵심 테제는 근대에 이르기까지 서양 사회를 지배해온 부정성의 패러다임(금지, 강제, 규율, 의무, 결핍, 타자에 대한 거부 등)이 적어도 20세기 말부터 긍정성의 패러다임(능력, 성과, 자기 주도, 과잉, 타자성의 소멸 등등)으로 전환되었거나 전환되어가는 과정에 있다는 것이다.

이 책을 읽고 나니 다음과 같은 생각이 들었다. 공동체의 가치를 공유하고, 구성원 간의 유대를 회복하며, 일상의 삶에서 여유를 가질 필요가 있다.

그런 점에서 서울이 아닌 지방에 사는 것도 좋은 방법이다. 20년 직장 생활을 즐겁게 할 수 있었던 것도, 소박한 목표를 정하고 이를 끊임없이 추구하되 경쟁에서 한발 물러난 덕분은 아니었을까?

# 의무론을 읽고

2012. 12. 19.

키케로의 《의무론》을 읽었다. 공직을 빼앗긴 로마의 키케로가 아테네에 유학 가 있던 아들에게 보낸 편지를 모은 것으로서 로마인의 실천적 윤리 규범을 다루었다.

'제1권 도덕적 선에 대하여' '제2권 유익함에 대하여' '제3권 도덕적 선과 유익함의 상충'으로 구성되어 있다. 여기서 의무는 권리의 반대 개념도 포함하여 인간의 도리 또는 인간이 참되게 사는 길을 뜻한다.

기원전 1세기경 쓰여진 책이지만 2천 년이 지난 오늘에도 유용한 책이다. 유익한 것처럼 보여도 도덕적으로 선하지 않는다면 취하지 마라. 결국 장기적으로 유익하지 못할 테니까…. 이 부분이 와닿았다.

# 마담 보바리를 읽고

2012. 12. 31.

귀스타브 플로베르《마담 보바리》를 읽었다.

저자는 1856년 이 책을 완성했고 작품의 몇몇 대목이 선정적이고 음란하다는 이유로 기소당했으나 무죄 판결을 받았다.

"형식이 결여되어 있으면 생각도 없는 법이다." 작가는 형식과 내용의 관계를 밝힌다. "질료와 색채를 따로 떼어서 생각할 수 없듯이" 형식과 내용도 떨어트려 생각할 수 없다고 한다. "그러하기 때문에 기법이 곧 진리다." 그가 품고 있는 소설 이론의 바탕은 내용과 형식의 일체성이라고 볼 수 있다.

줄거리는 간단하다. 시골 의사 샤를르 보바리는 자신보

다 나이가 더 많고 돈푼이나 있어 보이는 과부와 결혼했다가 첫 부인이 죽자 엠마 루오라는 처녀와 재혼한다. 그녀의 머릿속은 결혼에 대한 지극히 낭만적인 공상으로 가득 차 있었는데 막상 결혼하고 나서는 남편을 매우 몰취미한 바보라고 느끼기 시작하여 현실 생활에 대한 권태가 심해지고 꿈같은 다른 삶을 갈구하게 된다.

마담 보바리는 루돌프와 레옹의 정부가 되고 생활은 무질서해지고 가산은 탕진된다. 그녀는 엄청난 빚을 지고 빚쟁이에게 시달리며 몸을 바쳤던 정부들에게 버림받자 음독자살한다. 남편도 아내의 빚을 갚으려고 노력했으나 파산 지경에 이르고 남들에게 손가락질을 받게 되니 그도 곧 죽는다.

속은 뜨겁고 겉은 잔란한 플로베르의 스타일을, 스타일을 만들어내는 플로베르의 단말마적 고통을 제대로 읽지는 못했지만, 사실주의 소설의 성서인 줄은 모르겠지만, 선정적이고 음란하다는 이유로 기소된 사건에서 무죄 판결이 선고된 것은 지극히 정당하다는 점을 확신하였다.

# 난중일기를 읽고

2013. 6. 16.

**읽기까지**

내가 다닌 대아고등학교는 매년 4월 28일 충무공 이순신의 탄생에 맞춰 학교가 있는 진주에서 이순신 장군이 승전한 사천까지 행군을 하였다. 내가 태어난 경남 하동군 북천면 모성마을은 이순신 장군이 백의종군을 하러 서울에서 출발하여 도원수 권율 장군의 진영이 있는 합천으로 가는 여정에 포함되어 있다.

《난중일기》 1597년 6월 1일에 "일찍 출발하여 하동 땅 청수역 시냇가 정자에 이르러 말을 쉬게 하였다"라는 문장이 나오는 것을 보아 이날 고향 동네를 지나갔을 것으로 짐작한다.

김훈의 《칼의 노래》를 읽으면서 숨 막히게 절제된 문장에 놀랐다. 《난중일기》를 읽다 보니 김훈 선생이 이순신 장군의 문체를 본받은 게 아닌가 하는 생각이 들었다.

선물받은 문화상품권을 들고 동네 서점에 들렀다가 《난중일기》를 보고 주저 없이 골랐다.

**읽으면서**

《난중일기》는 1592년 1월 1일부터 1598년 11월 18일까지 기록되어 있는데 빠져 있는 날도 제법 있다. 어떤 날은 "맑다"로 끝날 만큼 짧고 명량대전을 기록한 1597년 9월 16일은 제법 길다.

《난중일기》 중 두드러진 부분은 어머니의 안위에 관한 기징이다. 이순신의 어머니는 충남 아산에서 전남 여수로 거처를 옮긴다. 자신의 안위를 걱정하는 아들 때문인 것으로 보인다.

아들 면도 적과 싸우다가 죽는다. 아버지 이순신은 "내가 죽고 네가 사는 것이 이치에 마땅한데, 네가 죽고 내가 살았으니 어쩌다 이처럼 이치에 어긋났는가? 천지가 깜깜하고 해조차도 빛이 변했구나. 슬프다"라고 기록한다.

곳곳에서 이순신 장군의 건강 상태를 짐작할 수 있다.

수시로 "밤에 땀을 많이 흘렸다" "앉았다 누웠다"라는 문장이 등장하는 것으로 보아 건강이 나빴던 것 같다.

그리고 장수들의 잘못된 행태를 더러 언급한다. 가령 원균에 대해서는 "싸우는 곳마다 화살이나 탄환에 맞은 왜인들을 찾아내어 머리 베는 일을 맡아 하였다"라고 지적하고 있다.

나라의 제삿날이나 이순신 장군의 개인적인 제삿날에 공무를 보지 않는 것, "분하고 분하였다"처럼 되풀이함으로써 의미를 강조하는 것도 눈에 띄었다.

### 읽고 난 후

1597년 1월 27일 이순신 장군은 구속되고 약 한 달 만에 특별 사면이 되어 백의종군하다가 1597년 7월 22일 삼도수군통제사에 다시 임명된다.

도대체 목숨을 걸고 나라를 구한 장군에게 무슨 죄가 있다고 그런 짓을 한 것일까? 당파 싸움으로 영웅을 내칠 만큼 조선이 여유가 있었는가? 선조 임금은 이순신 장군이 죄가 없다는 것을 몰랐을까? 그렇다면 선조는 무능하다. 이순신 장군이 죄가 없는 줄 알면서도 구속하였다면 그는 군주의 자격이 없다. 김훈의 《칼의 노래》에서는 전쟁을 치를수록 선조가 백성의 신임을 잃어가고 이순신 장군이 백성의 신임을 얻어가는 것처럼 묘사된다.

이순신 장군은 왜 전쟁 중에 일기를 썼을까?

하나, 업무 일지 성격을 생각해볼 수 있다. 중앙에서 내려온 명령, 관할하에 있는 관리의 방문 내용, 군율 위반으로 부하를 처벌하는 내용, 군사 훈련 내용, 무기를 마련하는 내용, 날씨가 기록되어 있다는 점에서 그렇다.

둘, 일기 성격을 생각해볼 수 있다. 어머니에 대한 그리움, 나라의 장래에 대한 불안, 조정의 잘못된 행태에 대한 울분, 건강 상태에 대한 걱정이 기록되어 있다는 점에서 그렇다.

셋, 사초 성격을 생각해볼 수 있다. 이순신 장군은 자신이 전쟁 중에 죽으리라 예김하고 있있고, 전쟁에 관한 기록을 남김으로써 후세가 자신의 처신을 오해하지 않도록 하지 않았나 추측해본다.

"수륙 여러 장수가 팔짱만 끼고 서로 바라볼 뿐, 계책이라도 하나 세워서 토벌하려고 들지 않는다"라는 비밀 교지에 대하여 "여러 장수와 맹세하여 목숨을 걸고 복수할 뜻으로 날을 보내고 있지만, 험한 소굴에 웅크리고 있는 적을 가볍게 나아가 공격할 수가 없을 뿐이다"라고 기록한 데서 추측해본다. 해군은 조선의 전부인데 승리에 대한 확신 없이 가볍게 움직일 수 있느냐는 전략적 고려를 드러냈다고 본다.

1592년에서 1598년까지 임진왜란, 정유재란에서 얻은 교훈을 2013년 대한민국은 기억하고 있는 걸까?

# 이반 일리치의 죽음을 읽고

2013. 8. 31.

톨스토이의 〈이반 일리치의 죽음〉〈사람은 무엇으로 사는가〉〈인간에게는 얼마만큼의 땅이 필요한가〉〈바보 이반〉〈두 노인〉 등을 읽었다. 신원문화사가 2007년 발행한 소설집에 중·단편 소설 여덟 편이 들어 있있다.

〈이반 일리치의 죽음〉: 항소법원 판사 이반 일리치는 마흔다섯에 죽는다. 죽는 순간까지 그 직무와 기계적 생활에 몰두해서 살다가 죽음에 직면해서야 비로소 자신이 참다운 생활을 한 적이 없음을 깨닫고 소스라치게 놀란다. 그는 가볍고 유쾌하고 고상하게 사는 것을 추구했는데 그 가볍고 유쾌하고 고상한 삶 밑에 깔려 있던 무서운 진실이 어느 날 그를 덮친다.

〈인간에게는 얼마만큼의 땅이 필요한가〉: 하루 해가 떠 있는 동안 걸어간 만큼의 땅을 소유할 수 있다는 제안을 받은 바흠은 걷다가 걷다가 지쳐 죽는다. 결국 그가 얻은 건 자신의 키를 조금 넘는 길이의 자신이 묻힐 땅 2미터였다.

톨스토이에게 인생이란 선에 대한 희구다. 톨스토이의 작품 속에는 사랑을 통해 선이라는 목적을 향하는 노력이 담겨 있다.

톨스토이는 자신의 가정 생활의 모순을 해결하기 위해 재산과 저작권을 포기했다. 자기 자신과의 극적인 화해에 도달하기 위해 집을 버리고 방황의 길에 올랐다. 결국 랴잔우랄 철도의 아스타포프역에서 폐렴에 걸려 하차역장 집에서 82년에 걸친 고뇌와 파란의 생을 마쳤다.

《부활》《전쟁과 평화》와는 다른 맛을 느낄 수 있었다.

# 안나 카레니나를 읽고

2014. 1. 7.

    톨스토이의 《안나 카레니나》를 읽었다. 저자가 1873~1877년 집필하였다.

    주인공은 안나 카레니나와 레빈이다. 안나는 스무 살 연상 카레닌과 사랑 없이 결혼하여 습관적으로 살아가던 중 브론스키 백작과 사랑에 빠져 집을 나간다. 레빈은 카체리나에게 청혼을 하고 거절당하였다가 몇 년 후 둘은 결혼한다. 브론스키는 카체리나와 사귀다가 안나를 보는 순간 그녀를 사랑하게 된다. 스테판은 안나의 오빠이고 레빈의 친구다.

    이 소설은 총 8부로 구성되어 있다. 7부에서 안나는 달리는 기차에 뛰어들어 죽는다. 8부에서 레빈이 신의 존재를 깨닫는 과정을 그린다. 잡지 편집자와 의견 충돌이 있어 8부는 연재되지 못하고 톨스토이가 자비로 따로 출간하였다.

레빈과 카체리나의 가정은 행복하다고 볼 수 있다. 안나와 카레닌의 가정이나 안나와 브론스키의 가정은 불행하다고 볼 수 있다. 스테판과 돌리의 가정도 행복하다고 볼 수는 없다. 행복한 가정엔 결혼, 사랑, 믿음, 적당한 질투, 행운, 적당한 재산이 있었다. 불행한 가정엔 그중 적어도 한 가지가 없었다.

안나는 왜 자살을 택했을까? 남편으로부터는 자유롭지 못하고 브론스키 백작의 사랑이 갈수록 묽어지는 것을 보면서 자포자기한 것일까? 아니면 브론스키가 영원히 안나 자신에 대한 기억으로 괴로워하게 만듦으로써 브론스키를 심판하려고 한 것일까?

안나는 일관된 행동을 취하지 않는다. 남편이 이혼해주겠다고 제안했을 때는 거절하고 외국으로 떠났다가 몇 년 후 돌아와서는 남편에게 이혼해달라고 요구한다.

레빈은 톨스토이의 모습이 곳곳에 투영되어 있는 인물로서 농노 해방 이후 농민과 어떤 관계를 맺어야 할 것인가, 생산력을 어떻게 높일 것인가를 고민하고 실천한다.

무신론자인 레빈은 결국 형의 죽음, 농민들과 대화, 카체리나의 사랑을 통해 신의 존재를 긍정하게 된다.

청나라 선비 고염무는 '독만권서 행만리로讀萬券書 行萬里路'를 꿈꾸었다. 나도 고염무와 같은 꿈을 꾸고 있다. 현재 달성률은 20퍼센트다.

# 여자의 일생을 읽고

2014. 12. 29.

　모파상 작품《여자의 일생》을 읽었다.

　작가는 1850년 프랑스 노르망디에서 태어나 1893년 파리 교외 정신병원에서 죽었다. 어머니의 친구인 플로베르에게 문학 수업을 받았다. 이 작품은 잔느라는 여주인공의 일생을 대체로 시간 순서에 따라 기술하고 있는 연대기적 구조의 소설이다.

　잔느는 결혼 초에 남편 쥘리앵에게 배신당하여 사랑의 환상이 깨지면서부터 오로지 아들 폴에게 집착하며 살아간다. 그러나 폴은 중학교에 다니던 중 매춘부에게 빠져서 집안의 재산을 탕진하고 잔느를 외롭고 힘들게 한다.

　"인생이란 사람들이 생각하는 것만큼 그렇게 좋은 것도

그렇게 나쁜 것도 아닙니다." 이 소설의 마지막 문장이다. 남편도 죽고 부모도 죽고 이모도 죽고 아들은 망가져가는 상황에서, 오래전에 떠난 하녀 로잘리가 자발적으로 돌아와 잔느를 돌본다. 로잘리가, 폴의 딸을 끌어안고 키스를 퍼붓는 잔느에게 하는 말이다.

가혹한 시련을 겪은 후 잔느의 눈에 비치는 태양은 젊은 시절보다 덜 뜨겁고 하늘은 덜 푸르며 꽃은 덜 향기롭다.

# 재판관의 고민을 읽고

2015. 6. 24.

### 신동운의《재판관의 고민》

신동운 편저《재판관의 고민》을 읽었습니다. 편저자는 서울대학교 법학전문대학원 교수로 재직 중입니다.

이 책은 제1부에 유병진 판사가 1952년 3월 쓴 〈재판관의 고민〉을 복간하여 실었고, 제2부에 유병진 판사가 집필한 아홉 편의 법률 논문과 논설, 두 편의 수상隨想을 실었으며, 부록으로 김이조 변호사가 쓴 유병진 약전이 붙어 있습니다.

편저자의 말에 따르면, 유병진 판사는 1958년 간첩죄와 국가보안법위반죄 등으로 기소된 조봉암 피고인에 대하여 제1심 재판장으로서 5년형을 선고하면서 간첩죄 부분에 대하여는 무죄를 선고했습니다. 조봉암은 항소심에서 간첩죄가 유죄로 인정되어 사형을 선고받고 상고하였으나, 대법원 또한 그에게 사형을 선고하였습니다.

편저자의 말에 따르면, 《재판관의 고민》은 유병진 판사가 9·28 이후 서울 재후퇴 시까지 서울지방법원에서 취급한 부역자 처단에 관하여 고뇌의 과정을 회고하기 위해 출간한 단행본이고, 여기에는 6·25 당시의 재판 상황을 알려주는 것을 넘어서 이후 조봉암 사건에서 무죄 판결의 근저를 이루는 그의 법철학적 사고 형성 과정을 소묘하고 있습니다.

편저자의 말에 따르면, 유병진 판사의 법 사상은 현실주의 법학과 기대 가능성 이론으로 요약할 수 있습니다.

김이조 변호사가 쓴 유병신 약선에 따르면, 유병신 판사는 1958년 12월 10일 연임이 거부되어(당시 대법원장 조용순) 변호사로서 활동하다가 1966년 별세하였으며, 저서로는 《한국형법총론》《한국형법각론》《형사소송법개요》가 있고, 1994년 법의 날 무렵 KBS에서 유병진의 생애를 〈다큐멘터리 극장〉으로 방영하였습니다.

### 유병진 판사의 〈재판관의 고민〉

유병진 판사는 서울지방법원 단독 판사로서 부역자 처단 사건을 처리했습니다. 부역자 처단 사건은 단심제였고, 기소 후 20일 이내에 공판을 열어야 하며, 40일 이내에 판결을 선고하도록 되어 있었습니다.

1950년 6월 25일 제정된 '비상 사태하의 범죄 처벌에 관한 특별 조치령'에 따르면, 비상 사태에 편승하여 적에게 정보 제공 또는 안내한 행위, 무기, 식량, 유류, 연료 기타의 금품을 제공하여 적을 자진 방조한 행위의 죄를 범한 자는 사형, 무기 또는 10년 이상의 유기 징역에 처한다고 되어 있었습니다.

유병진 판사가 부역자 처단 사건을 처리하는 과정은 다음과 같습니다.

하나, '나' 아닌 '환경'을 탐색합니다.

가령 내가 만약 서울에 남아 있었더라면 어떻게 되었을까를 상상합니다. 자신은 수도 함락 직후 서울을 탈출하여 안전 지대로 피하였던 사람이며, 아내와 이별하였으며, 집에 돌아왔을 때는 세 살짜리 규성이 세상을 떠난 뒤였습니다.

그리하여, 죄수들에게 자신이 취할 수 있는 이상의 것을 요구할 수 없다는 결론에 이릅니다. '나'라는 존재가 그 행동의 표준이 될 만한 존재라는 것보다도 일개의 재판관으로서 그 재판관이라는 양심에 의해 죄수들에게 '나'의 이상의 것을 요구할 수 없기 때문입니다.

둘, 고민의 대상을 정합니다.

역도들의 명령에 일반 시민은 어떻게 행동할 것인가를 고민합니다. 시민은 절대 복종, 아니면 피신, 아니면 투옥, 아니면 유형, 아니면 총살, 이 중 어느 하나를 택하지 않을 수 없는 상황이라는 것입니다. 정부만 믿고 있다가 서울에서 후퇴도 못 하고 역도들 치하에 있는 이상 그들에게 순종하지 않을 수 없었고, 그러고 보니 조국에 대한 반역 행위가 되었다는 것입니다.

셋, 과도기적 결단을 합니다.

"민족 의식에 대한 최소한도의 희망선希望線과 생에 대한 애착의 강도선强度線과의 어떠한 접촉점에 그 기준을 획하여야 할 것이다"라는 말은 최소한의 순종은 허용되어야 하며 그 정도를 초과한 행위만을 따져서 위법을 판단해야 한다는 것입니다. 살아남기 위해 탈출하듯 살아남기 위해 협력할 수도 있음을 기억해야 한다고 말합니다.

고정적인 법은 사회 변화에 따라 버려질 것이며, 법이

진리에 어긋나면 항쟁해야 한다는 그의 말에서 현실에 맞는 재판을 해야 한다는 목소리를 읽을 수 있습니다. 재판은 국민을 위해 해야 하며, 동시에 국가를 이롭게 해야 한다는 말이 기억에 남습니다.

그리하여 그는 "기어코 과도기적 결단을 하였다. 이상 여러 점을 고려하여 처벌하기에는 너무나 무익하다고 동정되는 사건에 대하여서는 오히려 무죄로" 해야 한다고 말합니다.

넷, 부언.

너무 관대하다는 걱정이 당연히 일어납니다. 이에 유병진 판사는 부역을 하지 말 것을 강조하기보다 부역할 환경을 만들지 말라고 부언합니다. 일단 후퇴할 때라도 국민을 속이지 말고 피난할 여유를 주라고 말입니다.

다섯, 판결.

만 14세를 초과한 지 불과 4개월밖에 되지 않은 홍안 소년이 인민군이 장악한 파출소에서 관계인의 호출 전달, 소제, 기타의 심부름을 하였고, 내무서원이 누구의 집은 어디인가 하고 물어보기에 자신의 집 부근에 있는 2~3인의 집을 가르쳐주었던 사건에 대하여 무죄를 선고합니다.

유병진 판사의 노력은 부역자가 형의 면제라는 정상적

인 노정을 걷게 하였습니다. 1951년 1월 30일 '비상 사태 하의 범죄 처벌에 관한 특별 조치령'이 개정되어, 비상 사태 종료 후 48시간 이내에 원상을 회복한 자에겐 형을 감경 또는 면제할 수 있다는 조항이 신설되었습니다.

### 재판관의 고민

대법원은 김병로 초대 대법원장님이 미군정으로부터 사법권을 이양받은 9월 13일을 기념하여 대한민국 법원의 날을 제정하였습니다. 대한민국 법원의 역사를 기억하기 위한 매우 뜻깊은 시도라고 생각합니다.

이 기회에 '대한민국 법원'이라는 집을 떠받치고 있는 한 기둥으로서 법철학자 유병진 판사를 세우는 것도 의미 있지 않을까 생각합니다.

다양성을 존중하되 통일성을 지향해온 대한민국 법원의 전통이 우리 앞에 닥친 시련과 도전을 극복하리라 기대하며, 특히 법률가들에게 일독을 권합니다.

# 베니스의 상인을 읽고

2015. 7. 4.

셰익스피어의 《베니스의 상인》을 읽었다. 1596~1597년 쓰였다고 추정된다.

주요 인물로는 안토니오, 샤일록, 포셔다. 안토니오는 친구 바사니오의 구혼 자금을 마련하기 위해 유대인 상인 샤일록과 인육 계약을 맺는다. 빚을 못 갚으면 샤일록이 원하는 부위의 살 정량 1파운드를 잘라 내준다는 내용이다.

안토니오는 사업용 배가 좌초되어 빚을 제때 갚지 못했고 샤일록은 안토니오를 법정에 세운다. 바사니오의 구혼을 받은 포셔는 서둘러 결혼을 하고 이 문제를 해결하기 위하여 재판을 주재하는 공작의 위임을 받아 재판에 관여한다.

포셔는 샤일록에게 안토니오의 살 1파운드를 도려내되 피는 한 방울도 흘려서는 안 된다고 명한다. 살도 정확하게 1파운드 떼어내야 하고 조금의 오차도 허용하지 않으며, 외국인이 직접 또는 간접적인 시도하에 시민의 생명을 노렸음이 입증되었다며 샤일록의 재산 전부를 몰수하는 판결을 한다.

대한민국 법정에서는 인육 계약이 선량한 풍속, 기타 사회 질서에 위배되므로 민법 제103조에 의하여 무효라고 판결했을 것이다. 베니스의 법령을 수용하면서도 구체적 타당성을 이끌어낸 포셔의 지혜가 돋보인다.

# 허클베리 핀의 모험을 읽고

2015. 7. 14.

마크 트웨인이 쓴 《허클베리 핀의 모험》을 읽었다.

작가는 1835년 미국 미주리주에서 태어났고, 1884년 이 책을 출간하였다. 어니스트 헤밍웨이는 "미국의 모든 현대 문학은 마크 트웨인이 쓴 《허클베리 핀의 모험》이라는 책 한 권에서 비롯하였다"라고 말한 적이 있다.

열서너 살 된 소년 헉 핀이 겪는 갖가지 모험담이 주를 이룬다. 헉 핀은 술주정뱅이의 아들로서 과부댁의 양자가 되었고, 그가 뜻하지 않게 돈을 손에 넣게 되었다는 소문을 듣고 나타난 아버지로부터 유괴를 당하자 탈출하여 잭슨섬에 숨는다. 거기서, 도망쳐 나온 왓슨의 흑인 노예 짐을 만나 홍수에 떠내려온 뗏목을 타고 미시시피강을 따라 남쪽으로 여행을 한다.

이 책의 끝에 짐은 노예주 왓슨이 임종의 자리에서 그를 해방함으로써 마침내 자유의 몸이 된다. 이 작품은 노예 제도에 대하여 정면 공격을 시도한, 해리엇 비처 스토우의 《톰 아저씨의 오두막》보다 훨씬 더 큰 설득력과 호소력을 지닌다고 한다.

이 소설은 출간 직후 "하수구의 리얼리즘"이니 "천박하고 지루한 농담"이니 하는 평을 들었고, '쓰레기' 같은 작품으로 여겨져 도서관 장서 목록에서 삭제당했다고 한다. 지금은 미국 문학사에서 트웨인의 《허클베리 핀의 모험》을 빼놓을 수 없다. 이렇게 평가가 달라지는 데는 오래 걸리지 않았다.

# 욕망이라는 이름의
## 전차를 읽고

2015. 7. 25.

테네시 윌리엄스가 쓴 희곡 《욕망이라는 이름의 전차》를 읽었다.

작가는 1911년 미국 남부 미시시피주에서 태어났고 1983년에 사망하였다. 1947년 이 작품을 발표했다. 배경은 뉴올리언스의 빈민가이고, 제목은 실제로 뉴올리언스에서 운행되는 전차 이름이다.

주인공은 스탠리와 그의 처형인 블랑시다. 스탠리는 미군 특무상사 출신의 외판원으로, 강인하고 육적이며 현실적인 힘의 논리를 드러낸다. 꿈을 잃고 가문의 몰락과 친척의 죽음을 목격하고 어린 남편의 자살까지 감당해야 했던 블랑시의 도피처는 욕망이었다. 블랑시는 스탠리에게

겁탈당하고 정신병원으로 끌려가고, 스탠리의 처 스텔라는 언니가 떠나는 것을 애통해하면서도 스탠리 옆에 남는 것으로 끝난다.

만족을 얻는 방법에는 두 가지가 있다. 욕망을 줄이는 방법과 욕망을 충족하는 기회를 늘리는 방법이다. 전자는 안정적이나 현실에 취약하다. 후자는 강하나 불안하다. 인생은 어쩌면 전자와 후자 사이를 헤매는 건지도 모른다.

# 주홍글자를 읽고

2015. 9. 6.

너새니얼 호손이 쓴 《주홍글자》를 읽었다.

작가는 1804년 미국에서 태어났고, 1850년 이 작품을 발표하였다. 세관 검사관으로 3년 근무하다가 쫓겨난 뒤 전업 작가의 길로 들어선다.

17세기 미국 보스턴 청교도 마을에서 주인공 헤스터 프린은 간음하지 말라는 계명을 어긴 죄로 간통Adultery을 상징하는 글자 A를 평생 가슴에 달고 살아야 하는 형벌을 받는다. 그녀는 A를 주홍빛 천으로 만들어 그 둘레에 수를 놓아 당당하게 달고 다닌다.

반면 간통 상대방인 딤스데일 목사는 죄를 세상에 드러내지 못하고 죄책감에 사로잡혀 나날이 쇠약해져만 간다.

뒤늦게 미국에 도착한 남편 칠링워스는 목사의 비밀을 알아차리고 복수의 기회를 엿본다.

번역자 김욱동 교수의 해설에 따르면, 《주홍글자》는 죄란 어디까지나 상대적인 것일 뿐 절대적인 것이 아니요, 주관적일 뿐 객관적이지 않다는 사실을 보여준다. 헤스터 프린에게 죄는 죽음에 이르는 길이 아니라 오히려 동료 인간을 좀 더 깊이 이해할 수 있는 계기가 된다고 한다.

죄는 무엇이고 벌은 어떠해야 할까에 관하여 질문을 던지는 작품이다. 호손의 말처럼 "훌륭한 작품이란 식물처럼 자란다." 마찬가지로 '좋은 판결이란 식물처럼 자란다' 할 수 있겠다. 인간과 사회에 대한 이해가 깊을수록, 여론의 압력을 견뎌내되 타인을 설득할 수 있는 힘이 강할수록, 사실성과 타당성을 모두 갖출수록 좋은 판결이리 할 수 있겠다.

# 문학 속의 재판,
# 재판 속의 문학

2015. 12. 2.

**문학 속의 재판**

문학 책을 자주 읽는다. 고염무의 '독만권서 행만리로 讀萬券書 行萬里路'가 내 꿈이기 때문이다. 문학 속의 재판 장면은 재미있다. 더욱이 내가 결론을 내리지 않아도 되니 얼마나 홀가분한가?

빅토르 위고의 《레 미제라블》은 판사들이 가장 많이 읽은, 문학 속의 재판 장면이 아닐까 생각한다.

식기를 훔치다가 발각되어 달려온 헌병에게 연행되려는 찰나 "이 은촛대도 주었는데 왜 안 가져갔소"라면서 그를 구해준 주교의 온정에 눈을 뜬 장 발장은 평생 처음으로 눈물을 흘리며 참인간으로 태어나려고 노력한다.

장 발장은 마들렌이라는 이름으로 신분을 감추고 공장을 경영하여 시민의 신망을 얻어 시장으로까지 선출되지만, 전혀 다른 사람이 장 발장으로 지목되어 체포된 것을 알고 명성과 부를 내던지고 자수한다.

이 사건에서 주교가 없었다면 사건 처리 결과는 어떻게 되었을까? 전과가 많았던 장 발장은 아마도 중형을 면치 못했을 것이고 출소 후에도 생활고를 이기지 못하고 재범을 저지르지 않았을까?

재판 장면을 문학 속에 배치한 작가로는 도스토옙스키를 빼놓을 수 없다.

《죄와 벌》에서 주인공 라스콜리니코프는 전당포 노파를 죽이고 돈을 빼앗은 죄로 기소되었고, 자수했다는 점과 다른 정상이 참작되어 징역 8년을 선고받는다.

이 책을 읽었을 때만 해도 대한민국 형법(2010년 4월 15일 개정 전)은 강도살인죄를 저지른 사람을 사형 또는 무기 징역형에 처하게 되어 있고, 자수하여 형을 감경할 때는 무기 징역형일 경우 7년 이상을 선고하도록 되어 있다.

그가 대한민국에서 재판을 받았더라도 징역 8년을 선고받았을 것이다. 소설을 읽어본 독자로서 징역 8년이 적정하다는 점을 확인하고서는 도스토옙스키의 양형 감각에 놀란 적이 있다.

라스콜리니코프가 시베리아에서 수감 생활을 하는 동안 매춘부 출신 애인 소냐가 옥바라지를 하고, 소냐의 사랑에 감동받은 라스콜리니코프가 그녀 앞에 무릎을 꿇고, 소냐로부터 받은 성경을 머리맡에 놓아두는 것으로써 도스토옙스키는 기독교적인 사랑이 인간을 구원할 수 있음을 보여준다.

도스토옙스키의 또 다른 작품 《카라마조프의 형제들》을 보자. 표도르 파블로비치 카라마조프가 피살되고 3천 루블이 강탈당하는 사건이 발생하고, 그 범인으로 아들 드미트리 표도로비치(애칭 미차)가 기소된다.

소설을 3분의 2까지 읽을 때도 나는 미차가 진범이라고 생각했다. 스메르자코프가 독자인 나까지 속여가며 치밀한 계획하에 범죄를 저지르고 함정을 파서 죄를 미차에게 뒤집어씌운 것이다.

소설 마지막 부분에 나오는 검사의 논고, 변호인의 변론은 법률가라면 정독해볼 가치가 있을 정도로 뛰어나다.

이와 같이 소설 속의 재판 장면이 실감 나는 것은 도스토옙스키 본인이 사회주의 단체를 결성한 죄로 사형을 선고받고 사형 집행 직전에 황제로부터 사면을 받아 시베리아 유형 생활을 한 경험이 있기 때문이리라.

재판 장면은 톨스토이에도 빠지지 않는다. 《부활》에서 귀족 네흘류도프에게 버림받은 카튜사는 하녀로 전전하다가 유곽에서 창녀 생활을 7년간 하게 된다. 거기에서 단골손님의 돈과 반지를 훔치고 독살하였다는 누명을 쓰고 재판을 받는다.

네흘류도프가 배심원으로 참여해 배심원들이 토론 끝에 증거 불충분으로 평결을 하지만, 답신서를 작성하는 과정에서 절도죄에 대하여는 "객관적 사실은 인정되나 절취할 의도는 갖지 않았다"라고 분명히 기재한 반면, 살인죄에 대하여는 "단 살해할 의도는 없었음"이라는 부분을 빠트린다.

재판장은 답신서의 문제점을 발견하고 이를 시정하려 시도하나, 배석 판사 중 1인이 반대하고 자신의 애인과 약속한 시간에 맞추려고 답신서를 그대로 채택하여 살인죄를 인정하고 카튜사에게 징역 4년을 선고한다.

이에 죄책감을 느낀 네흘류도프는 영지를 농민에게 분배하거나 싼값에 빌려주고, 카튜사를 따라 시베리아로 향하면서 황제에게 청원한다. 청원이 받아들여져 카튜사는 시베리아 유형에서 벗어나고 감옥에서 만난 정치범의 도움으로 부활한다. 그녀는 네흘류도프의 청혼을 거절하는데, 네흘류도프도 그 과정을 거치면서 부활한다.

재판 장면은 셰익스피어의 《베니스의 상인》에서도 등장한다. 안토니오는 친구 바사니오의 구혼 자금을 마련하려고 유대인 상인 샤일록과 인육 계약을 맺는다. 빚을 못 갚으면 샤일록이 원하는 부위 살 정량 1파운드를 잘라준다는 내용이다. 안토니오는 사업용 배가 좌초되어 빚을 제때 못 갚고 샤일록은 안토니오를 법정에 세운다.

바사니오의 구혼을 받은 포셔는 서둘러 결혼을 하고 이 문제를 해결하기 위하여 재판을 주재하는 공작의 위임을 받아 재판에 관여하게 된다.

포셔는 샤일록에게 안토니오의 살 1파운드를 도려내되 피는 한 방울도 흘려서는 안 된다고 명한다. 살도 정확하게 1파운드를 떼어내야 하고 조금의 오차도 허용하지 않으며, 외국인이 직접 또는 간접적인 시도하에 시민의 생명을 노렸음이 입증되었다며 샤일록의 재산 전부를 몰수하는 판결을 함으로써 안토니오를 살려낸다.

**재판 속의 문학**

내가 현실에서 맡은 재판은 그렇게 감동적이지 않았다.

여러 이유가 있겠지만, 문학이 재판에서 많은 것을 차용하지만 재판은 문학에서 차용하지 않고 순수함을 고수하기 때문이 아닐까 생각해본 적이 있다.

판사는 많은 경험을 해야 하지만 여러 사정으로 제한적인 경험을 할 수밖에 없다. 문학이 그 대안이 될 수 있다. 문학은 보편적 진실을 추구하는 것이고, 재판은 구체적 진실을 추구하는 것이며, 양자는 서로를 필요로 하기 때문이다.

판사들이 다 가난했던 경험이 있는 것은 아니지만 김훈의 《흑산》을 읽고 나면 가난을 조금 더 구체적으로 이해할 수 있다. 가령, 배고픔을 면하자면 오직 먹어야 하는데 많은 끼니 중에서도 지금 당장 먹는 밥만이 배를 채운다는 내용이 그렇다. "아침에 먹은 밥이 저녁의 허기를 달레줄 수 없으며, 오늘 먹는 밥이 내일의 요기가 될 수 없음은 사농공상과 금수축생이 다 마찬가지다."

내가 10년 전 처리한 사건 중 20대 청년이 공무집행 방해죄로 구속 기소된 사건이 있었다. 생모라고 밝힌 사람이 탄원서를 보냈다. 오래전에 헤어진 아들이 재판을 받고 있다는 사실을 알게 되었다며 자신이 책임지고 선도를 할 테니 선처를 바란다는 내용이었다.

재판을 하며 방청객을 둘러보니 유난히 눈에 띄는 분이 있었다. 피고인석 옆에 앉아 대화를 하게 하였더니 피고인을 껴안으면서 "이제 괜찮아, 엄마가 있잖아"라고 말했다. 피고인은 어리둥절한 표정을 지으며 생모와 시선도 마주치지 못하였다.

생모를 만났으니 이제 마음을 잡지 않겠는가 생각하고 집행 유예 판결을 선고했고, 피고인에게 책을 선물하면서 그 책 한 쪽을 읽어주었다. 알프레드 디 수자의 시 〈사랑하라. 한 번도 상처받지 않은 것처럼〉이다.

내가 10년 전에 처리한 사건 중에 피고인이 자살을 하려고 여관에 불을 질러 기소된 사건이 있었다. 다행히 불은 크게 번지지는 않았고 다친 사람도 없었다. 선고하는 당일 피고인에게 자살을 열 번 외치게 하였다.

"자살자살자살자살…. 이렇게 열 번 하면 본인은 '자살'이라고 말하지만 듣는 사람에게는 '살자'로 들립니다. 생각하기 나름입니다. 실패라고 다 나쁜 것은 아닙니다. 자살에 실패해서 살았지 않았습니까?" 그러고서 피고인에게 《살아 있는 동안 해야 할 49가지》란 책을 선물했다.

나는 이런 재판을 하게 된 배경 중 8할이 문학 덕분이라고 생각한다.

톨스토이의 《안나 카레니나》는 이렇게 시작한다. "행복한 가정은 모두 모습이 비슷하고, 불행한 가정은 모두 제각각의 불행을 안고 있다." 어쩌면 좋은 문학과 좋은 재판은 그 모습이 모두 비슷할지 모른다. 철저한 조사를 바탕으로, 공동체의 보편적 가치를 질문할 때, 주제와 이야기가 딱 들어맞을 때 독자들은 감동한다.

판사들이여! 《유토피아》를 쓴 토마스 모어가 영국의 대법관이었다는 사실을 잊지 말자. 작가들이여! 긴장하시라. 대한민국의 판사도 또 다른 '유토피아'를 쓸지 누가 알겠는가?

# 페스트를 다시 읽고

2016. 6. 20.

1997년 1월 5일에 읽었던 《페스트》를 다시 읽었다. 당시 "내용이 어려웠다"라고 책 끝에 소감을 적은 바 있다. 새로운 책을 고르기도 힘들고 메르스 사태를 겪기도 해서 다시 읽게 되었다.

알베르 카뮈는 1913년 프랑스령 알제리에서 태어났고, 1947년 이 작품을 출간하였으며, 1960년 사망하였다. 그는 《반항적 인간》에서 "나는 마르크스에게서 자유를 배우지 않았다. 사실을 말하자면 나는 가난 속에서 자유를 배웠다"라고 말한 바 있다.

페스트가 발병하고 시가 폐쇄되자 반응이 제각각이다. 리외같이 묵묵하게 페스트를 진단하고 격리를 지시하는 사람, 코타르같이 밀수를 하여 돈을 버는 사람, 타루같이 도덕심에 기초하여 의료 자원 봉사대를 조직하는 사람, 파늘루 신부같이 먼저 반성할 것을 주문하는 사람….

그중에서 가장 눈에 띄는 사람은 랑베르 기자다. 그는 부정행위를 해서 시를 탈출하려다가, 리외가 아내를 위해 헌신적으로 노력하는 것을 알고 탈출을 단념하고 의료 자원 봉사대에 참여한다. 혼자만 행복한 것은 부끄러운 일이라는 게 그의 대답이다.

사람들은 공포에 떨고 때로는 페스트를 부인하려 하지만, 리외는 의사로서, 병의 위력 앞에 회의와 무기력에 빠지기도 하지만, 묵묵하게 자신의 직분에 충실한다. 이 소설의 주인공은 리외다.

# 부활을 다시 읽고

2016. 11. 20.

**톨스토이**

톨스토이가 위대한가? 도스토옙스키가 위대한가? 그건 알 수 없다. '누구를 더 좋아하는가' 하는 문제는 쉽게 답할 수 있을 것 같은데 그렇지도 않다. 톨스토이를 읽고 나면 톨스토이가 더 좋고, 도스토옙스키를 읽고 나면 도스토옙스키가 더 좋다. 지금은 톨스토이가 좀 더 좋다. 9년 만에 톨스토이의 《부활》을 다시 읽었기 때문이다.

《부활》은 여러 가지 관점에서 읽을 수 있다. 나는 오늘 톨스토이가 네흘류도프 공작을 내세워 러시아 사법 제도의 개선을 주장했다고 말하고 싶다.

이 소설은 주인공 카튜사가 잘못된 재판으로 인하여 시

베리아로 유형을 떠나는 것으로 시작된다. 마침 그 재판에 네홀류도프 공작이 배심원으로 참여하였고, 배심원들은 카튜샤가 피해자에게 독약을 건넸지만 단순히 수면제 정도로 알았을 뿐 살인의 고의가 없었다는 점을 알고도 평결 결과를 적은 답신서에 그 점을 빠트린다.

재판장은 오류가 있을 수 있음을 짐작하면서도 애인과의 만남에 늦지 않겠다는 지극히 사소한 이유로 넘어가고, 결국 카튜샤는 징역 4년을 선고받는다.

뒤늦게 네홀류도프는 잘못을 깨닫고 이를 시정하고자 여러 방법을 시도하지만 원로원에 한 상고는 기각되고 황제에게 한 특별 청원에 한 가닥 기대를 건다. 극적으로 시베리아로 가는 길에 황제의 허가가 떨어져 카튜샤에 대한 징역형은 취소된다.

네홀류도프는 카튜샤를 농락하고 100루블을 던져주고 떠났다. 카튜샤가 자포자기의 심정으로, 원망의 심정으로, 형편에 이끌려, 매춘부의 길로 들어선 것도 모자라, 억울한 형을 선고받고 시베리아로 떠나자, 네홀류도프는 죄책감을 느끼고 그녀와 결혼하기로 마음먹고 시베리아로 같이 떠난다. 그 과정에서 교정 제도의 문제점을 깨닫게 된다.

톨스토이는 헨리 조지의 토지 사유권 폐지 주장에 공감하면서 소설 곳곳에 헨리 조지의 사상을 소개한다. 예컨대 농민이 궁핍할 수밖에 없는 이유를 말하는 대목이 그것이다. 그들은 땅을 가지지 못했다. 땅은 "토지에 대한 특권을 이용하여 농부들의 노동으로 생활해나가는 지주들 수중에 있기 때문이었다."

### 부활

톨스토이는 범죄를 바라보는 관점이 다르다. 카튜사를 우리 주변에서 흔히 볼 수 있는 평범한 인간으로 상정한다. 그가 잘못된 길로 들어선 것은 환경이 그렇게 만들었기 때문이다. 그러므로 이런 불행한 인간을 만들어내는 나쁜 환경을 없애야 한다고 말한다.

당연하게도 범죄에 대한 처벌을 바라보는 관점도 다르다. 인간은 인간을 다스릴 수 없고, 악하고 비도덕적인 처벌을 포기해야 한다는 것이다. 죄인이라고 판결된 사람들을 처벌해왔지만 죄인은 사라지지 않고, 엄한 처벌 때문에 더욱 타락한 죄인과 남을 재판하고 처벌하는 판사, 검사, 예심 판사, 교도관 등의 죄인이 더 늘어났다고 말한다. 그럼에도 사회 질서가 유지되는 것은 이러한 타락에도 불구하고 여전히 서로에게 연민과 사랑을 품고 있는 사람들이 있기 때문이라는 것이다.

톨스토이의 사법 제도에 대한 생각을 구체적으로 들여다보자. 남을 재판하기 위해선 그가 말하는 것을 충분히 이해해주어야 한다. 모든 사람은 평등하며, 서로 괴롭힌다든가 때려서도 안 되지만 특히 유죄 판결이 내려지지 않은 사람들을 구박한다든가 해서는 더욱 안 된다.

톨스토이는 관리에 대해서도 말한다. 관직에 몸을 두고 있다는 이유만으로 몰인정한 인간이 되어버렸다고 개탄한다. "돌 땅에 비가 스며들지 않듯이 인간애가 도무지 스며들지 않는 것이다."

카튜사는 네흘류도프 공작의 청혼을 받고 처음에 거절했다가 나중에는 네흘류노프 공삭을 사랑하여 그를 떠나고 교도소에서 만난 정치범인 시몬손을 따른다. 네흘류도프는 자신에 대한 부채 의식을 가지고 있었으나 시몬손은 현재 있는 그대로의 자신을 사랑하기 때문이었다. 아니다, 네흘류도프를 사랑했지만 그와 함께한다면 그의 일생을 망칠지도 몰랐다. 카튜사는 시몬손과 함께 떠나 네흘류도프가 의무감에서 벗어나길 원했던 것이다.

톨스토이는 악에서 구원받기 위한 유일한 길이 "하느님

앞에서 언제나 자신을 죄인으로 알고 자신이 남을 벌주고 선도할 수 없다는 것을 인식"하는 것이라고 말한다.

소설 끝에 마태복음을 인용한다. 성경에 기초한 기독교적 사랑이 구원의 길임을 제시하는 것 같다.

### 사족

톨스토이는 묻는다. 2016년 대한민국 사법은 최선입니까? 재심 사건이 더러 개시되는 걸 보면 자신 있게 대답할 수 없다고 함이 솔직한 답변일 것이다.

# 카라마조프 형제들을 다시 읽고

2016. 12. 11.

**카라마조프의 형제들**

도스토옙스키가 쓴 소설 《카라마조프 형제들》을 다시 읽었다. 7년 만이다.

표도르 파블로비치 카라마조프에겐 세 아들, 어쩌면 네 아들이 있다. 첫째 미차, 둘째 이반, 셋째 알료사. 표도르 씨 집의 하인으로 일하는 스메르자코프는 표도르 씨와 떠돌이 여자 리자베타 사이에 난 사생아일지 모른다.

첫째 아들은 퇴역 육군 중위이고 어머니의 유산 문제로 아버지 표도르와 늘 대립하다가 그루센카라는 정숙하지 못한 여인을 놓고 아버지와 추악한 쟁탈전을 벌인다.

둘째 아들은 뛰어난 지성과 천재적인 두뇌를 가진 무신

론자로 '신이 없다면 모든 것이 허용된다'는 이론을 가지고 있다. 결국 미친다.

셋째 아들은 존경받는 조시마 장로에게 인정받는 수도사로서 천사 같은 인물이다.

스메르자코프는 이반이 가지고 있는 위와 같은 이론의 맹목적인 행동주의자다.

이 소설에는 재판 장면이 비중 있게 등장한다. 표도르 씨를 살해하고 3천 루블을 강탈한 죄로 미차가 기소된다. 수많은 물증과 증언이 제시된다. 검사 이폴리트의 논고와 변호사 페추코비치의 변론이 장엄하게 펼쳐진다.

그러나 배심원들은 결국 오판을 한다. 독자들은 오판임을 명확하게 알고 있다. 스메르자코프가 이반에게 자신이 표도르 씨를 죽였음을 고백하고, 강탈한 3천 루블을 건넨다. 그리고 자살한다.

이반은 미차에 대한 재판에서 증인으로 출석하여 스메르자코프가 진범이고, 그에게서 받은 3천 루블을 제시하나, 유죄의 증거들을 이기지 못한다. 왜 오판을 하였을까?

**오판의 원인**
첫째, 합리적 의심을 배제할 정도로 엄격한 증명이 있어야 유죄가 인정된다는 원칙이 제시되지 않았고, 배심원들에게 설명되지도 않았다.

미차에게는 강탈했다는 3천 루블 중 1,500루블이 발견되지 않았다. 스메르자코프가 미차에 대한 공판 직전에 이반에게 범행을 고백하고 3천 루블까지 건넸고 이반이 법정에서 이와 같은 취지로 증언을 하였다. 아버지를 살해하였다는 미차는 애인 그루센카와 함께 여행을 떠나고 거기서 잔치를 벌인다. 미차가 진범이 아닐 수도 있다는 합리적 의심을 불러일으키는 데 이러한 점이 중요하게 취급되지 않는다.

둘째, 물증과 증언이 무수히 제시된다.

미차가 약혼자 카체리나에게 범행 이틀 전에 써서 보낸 편지가 제시된다. 거기에는 아버지가 자신에게 돈을 주지 않을 때는 "이반이 출발하는 대로 곧" 그를 죽이고 "장밋빛 리본으로 묶은 봉투에 들어 있는" 그 돈을 베개 밑에서 꺼내겠다고 되어 있다.

카체리나는 첫 증언에서는 미차에게 우호적인 증언을 하나, 이반이 스메르자코프가 진범이라는 증언을 하자 이반을 구할 생각으로 자신이 보관하고 있던 위 편지를 법정에 제출한다.

범행 무렵 표도르 씨의 정원에서 미차가 하인 그레고리의 머리를 절굿공이로 내려친 점이 입증된다. 더욱이 그레고리는 당시 표도르 씨가 있던 방의 문이 열려 있었다고 기억한다는 취지의 증언을 한다.

이는 진실에 반하나, 반증에 의해 탄핵되지 못한다. 그레고리는 "본 것이 아니라 다만 본 것처럼 느꼈을 뿐인데, 한번 그렇다고 우기기 시작하면 절대로 물러서지 않는다."

셋째, 진범에 대한 수사가 부실했다.

범인으로 지목될 수 있는 사람은 애초 미차와 스메르자코프였다. 스메르자코프는 범행 당시 간질 발작이 일어난 것으로 위장을 하는데 이를 검사와 예심 판사는 깊게 의심하지 않는다.

표도르 씨의 돈 봉투 위치를 아는 사람도, 표도르 씨의 방문을 여는 신호를 아는 사람도 스메르자코프였고, 이는 스메르자코프의 진술에 의해서도 충분히 입증되며, 미차도 수사 초기부터 그 점을 지적하는데, 수사 기관은 스메르자코프의 함정에 쉽게 빠지고 만다.

미차는 드러난 게 많고 스메르자코프는 드러난 게 적었으므로 수사 기관이 현혹된 게 아닐까? 스메르자코프를 의심했다면 3천 루블을 찾았을 터이고, 그랬다면 진범을 찾았을지도 모른다.

넷째, 미차는 수사 초기 변호인의 조력을 받지 못한다.

미차는 숙고하지 못한 진술, 다의적으로 해석될 수 있는 말(비유 같은 말)을 하고 이는 유죄의 의심을 가중한다. 미차의 진술은 멍청하게 보였다. 작가는 이반의 악몽 속에 "유감스럽지만 진실은 거의 모든 경우 멍청하게 보이거든"이라는 대사를 넣어둔다.

심판자 역할을 하는 사람에게 경종을 울리는 구절이 기억에 남는다. 인간이 누군가의 심판자가 될 수 없음을, 그 이유를, 심판자의 자격을 논하는 부분이다.

심판자 자신 역시 눈앞에 서 있는 사람과 마찬가지로 죄인이라는 것, 자신이야말로 이 사람의 범죄에 대해 어느 누구보다 더 큰 책임이 있을지도 모른다는 깃을 자각하지 않는 한 죄인의 심판자는 존재할 수 없다. 이 사실을 깨달았을 때만 심판자가 될 수 있으며, 자신부터가 올바른 사람이었다면 죄인은 존재하지 않았을 거라고 한다.

국법에 따라 심판받은 경우에도 이런 정신하에서 행동해야 한다는 것이다. 그래야만 죄인이 심판대에서 풀려나온 뒤 더욱 가혹하게 스스로를 심판할 것이라고.

**도스토옙스키**

이 소설은 1881년 도스토옙스키가 사망한 해에 출간되었고, 성격 묘사에서 새로운 다양성을 보여주었다.

미차의 약혼자이지만 미차에게 버림받고 이반을 사랑하는 카체리나가 가장 이해하기 힘들었다. 아버지를 구하기 위하여 처녀의 몸으로 거금을 빌리러 미차를 찾아가는 카체리나. 미차의 선행에 보답하기 위하여 약혼하는 카체리나.

"그녀는 나를 사랑하는 것이 아니라 자기의 선행을 사랑하고 있는 거야"라는 미차의 진술도 있고 "무슨 방법을 써서라도 그이의 영혼을 구해주고 싶어요. 내가 약혼녀라는 것 따위는 잊어주었으면 좋겠어요"라는 카체리나의 진술이 나온다.

마지막에 미차에 대한 재판에 증인으로 나와 당시 사랑하고 있는 이반을 구하기 위하여 미차에게 불리한 결정적 증거를 제시하였다는 점은 위에서 본 바와 같다.

미차는 러시아 사람을 대표하여 묘사된 게 아닌가 싶다. 그에게서 러시아의 체취를 느끼고 러시아의 목소리를 듣는다.

이반은 마지막에 미치는 것으로 묘사됨으로써 작가는

그에 대한 태도를 드러낸다.

 결국 작가는 알료사에게서 러시아의 미래를 본 게 아닐까. 마지막에 알료사는 어린 나이에 죽은 일류샤의 장례식에서 소년들과 함께 "우리는 반드시 부활하여 서로 다시 만나 유쾌하고 즐겁게 옛날 일을 얘기하게 될 거야"라고 말한다.

 (도스토옙스키가 좋은가? 톨스토이가 좋은가? 쉽게 말할 수 없다.)

# 죄와 벌을 또다시 읽고

2017. 1. 8.

**도스토옙스키**

도스토옙스키 최초의 장편소설 《죄와 벌》을 세 번째 읽었다. 소설을 쓴 1865년은 그의 생애에서 가장 고통스러운 한 해였다. 첫 아내 마리아가 세상을 떠났고, 그의 문학적 재능을 인정하고 원조와 격려를 아끼지 않던 형 미하일이 막대한 부채를 남기고 세상을 떠났고, 그의 간질병 발작이 더욱 빈번해지던 무렵이다.

이때는 러시아에 허무주의적 초인 사상이 유행하고 있었다. 도스토옙스키는 반역 폭력 혁명을 상징하는 라스콜리니코프의 허무주의적 초인 사상과 오만성 및 무신론을, 청순한 소냐의 온순함과 신앙심과 대립시켜 소냐의 승리를 묘사했다.

라스콜리니코프는 강도 살인의 범행을 저지른 후 소냐에게 범행을 털어놓고 소냐의 권유로 자수를 한다. 소냐는 부모 형제를 먹여 살리려고 창녀가 된 인물이다. 아버지 마르메라도프가 마차에 치어 죽자, 라스콜리니코프가 미망인 카체리나에게 장례 비용에 사용하라며 돈을 보탠 것을 계기로 소냐와 라스콜리니코프는 만나게 된다.

고백의 대상으로 왜 소냐를 선택했을까? "난 당신에게 무릎을 꿇은 것은 아니오. 난 모든 인류의 고통에 대해서 무릎을 꿇었던 거요" "당신이 죄지은 여자가 된 까닭은 무엇보다도 자신을 죽이고 남의 희생이 된 때문이지"라는 라스콜리니코프의 말에서 힌트를 얻을 수 있다.

### 죄

라스콜리니코프는 손도끼로 전당포 노인 알료나를 죽이고 돈과 귀금속을 가지고 나왔고, 마침 그곳에 있던 알료나의 동생인 리자베타도 손도끼로 죽인다. 그리고 뺏은 물건을 확인해보지도 않고 돌 밑에 숨겨둔다. 그의 죄는 무엇인가? 범행 동기는 무엇일까?

첫째, 라스콜리니코프는 노파의 돈을 빼앗아 어머니의

생활비로 드리고 자신이 졸업한 후 사회에 진출할 기반을 마련하고자 했다. "너에게는 우리의 행복과 기대가 걸려 있다. 너는 우리들의 전 재산이란다"라는 어머니 플리헤리야의 편지도 이를 뒷받침한다. 그러나 첫 번째 동기는 강탈한 물건을 전혀 사용하지 않은 데서 설득력이 떨어진다.

둘째, 라스콜리니코프는 전 인류를 지배당하고 복종하기 위해서 살고 있는 대다수의 범인과 지배하기 위해 태어난 소수의 예외적인 인간으로 분류했다. "저급한 보통의 인간=전적으로 자기와 유사한 인간을 생식하는 기능밖에 없는 인간" 대 "본래의 인간=자기의 동료 중에서도 새로운 주장을 토할 수 있는 천부의 소질이며 재능을 지닌 인간"이 바로 그것이다.

그는 나폴레옹이 되고 싶어서 살인을 했다고 말한다. 단 하나의 죽음으로 몇 천 명의 생명을 구출할 수 있다고 믿었다. 즉 하나의 죽음과 백의 생명을 맞바꾸려 했던 것이다. 더 많은 것을 성취하는 자가 올바른 자가 될 수 있고 더 많은 것을 무시할 수 있는 자는 입법자가 될 수 있다고?

이것이 범행 동기라면, 라스콜리니코프는 왜 범행을 숨겼을까?

셋째, 그는 노파를 죽인 것이 아니라 자신을 죽인 것이라고 항변한다. 범행을 통해 제1보를 내디딜 자금을 얻어서 헤아릴 수 없는 많은 이익을 이 세상에 안기고 동시에 속죄가 가능할 것으로 생각했다. 라스콜리니코프의 진술은 이 범행을 단순하게 정의할 수 없음을 뒷받침한다.

그래서 등장하는 게 일시적 정신 착란 상태에서 한 범행이 아닐까 하는 생각이다. 범행 당시는 일시적 정신 착란 상태로서 상황을 통제할 수 없었다. 그래서 어느 쪽으로 봐도 어색한 경과를 보였고, 특히 범행 직후 주위 사람들에게 범인이 아니면 알 수 없는 내용을 드러내고, 이것이 치안 판사의 귀에 들어가게 된다.

### 벌

라스콜리니코프는 소냐에게 묻는다. 루진이 살아서 추잡한 일을 계속하게 하느냐, 아니면 카체리나가 죽어버려야 하느냐. 이에 대하여 소냐는 자신이 사람의 목숨을 좌지우지하는 심판을 할 사람이 아니라고 답한다.

라스콜리니코프는 결국 제2급의 유형으로, 형기도 불과 8년을 선고받았다. 고려된 양형 요소는 다음과 같다.

첫째, 그가 강탈한 물건을 전혀 사용하지 않았다는 사실은 회오의 정이 높았기 때문이고 동시에 범죄 수행 당시의 정신 능력이 결코 건전한 상태에 있지 않았다.

둘째, 철저한 광신자(니콜라이)가 허위 자백을 함으로써 사건이 이상하게 분규를 거듭하고 있었을 뿐만 아니라 진범에 대해서 명백한 증거는 고사하고 혐의조차 두지 않고 있을 때 자수했다.

셋째, 라스콜리니코프는 대학 재학 당시 호주머니를 털어서 가난한 폐병쟁이 학우를 도와주고 거의 반년이나 부양했다. 학우가 사망하자 혼자 남은 그의 부친을 돌봐주고, 입원시키고, 장례까지 치러주었다.

넷째, 밤중에 불길에 싸인 방에서 어린아이 둘을 구출하다가 화상을 입기도 했다.

라스콜리니코프는 시베리아에서 유형 생활을 한다. 시베리아로 따라와 옥바라지를 하는 소냐의 사랑에 마음을 움직인다. 두 사람을 부활하게 한 것은 사랑이었다. 그것은 서로에게 결코 마르지 않는 생명의 샘이 되었다.

형벌이 아니라 기독교적 사랑이 라스콜리니코프를 교화했다.

# 레 미제라블을 다시 읽고

2017. 2. 12.

빅토르 위고가 쓴 소설 《레 미제라블》을 다시 읽었다. 21년 전에 읽을 때는 2년이 걸렸는데 이번에는 한 달이 안 걸렸다. 위고는 이 소설을 1845년 '르 미제르'라는 제목으로 쓰다가 12년간 중단하고 1860년 '레 미제라블'로 개제해 다시 쓰기 시작하였다. 제목은 '불쌍한 사람'인 동시에 '한심한 자'를 의미한다.

소설은 총 5부로 구성되어 있다. 1부는 팡틴, 2부는 코제트, 3부는 마리우스, 4부는 플뤼메거리의 서정시와 생드니거리의 서사시, 5부는 장 발장이다.

주요 인물은 위의 네 명 외에 테나르디에를 빼놓을 수 없다. 강한 자에게 간사하고 약한 자는 잡아먹으려는 이리와 같은 심성을 대변하는 테나르디에는 팡틴의 요청으로 그녀의 딸인 코제트를 양육하나 그녀를 학대한다. 결국 코제트는 장 발장에 의하여 구제된다. 테나르디에는 의도하지 않게, 장 발장이 곧 마들렌 시장임을, 장 발장이 마리우스를 구출하였음을, 자베르는 장 발장이 죽인 게 아니라 자살하였음을 코제트의 남편인 마리우스에게 알려주는 역할을 한다.

이하에서는 밀리에르 주교, 자베르 경감, 장 발장을 중심으로 살피되, 역자인 방곤 교수의 작품론에 의존하였다.

### 밀리에르 주교

사건의 발단은 이렇다. 빵집 창살과 유리를 한꺼번에 주먹으로 때려부순 후 구멍으로 빵 하나를 훔쳤다가 감옥에 가게 된 주인공 장 발장은 탈옥을 여러 차례 시도함으로써 흉악범으로 낙인찍혀 총 19년(가택 침입 절도 5년, 탈옥 기도 4회로 14년)의 형기를 끝내고 사회로 돌아왔으나 전과자라는 이유로 식사와 숙박을 거부당한다.

그는 밀리에르 주교의 배려로 숙식을 제공받았으나 새벽에 은식기를 훔쳐 달아나다가 헌병에 붙잡혀온다. 밀리에르 주교는 은식기와 함께 준 촛대는 왜 가져가지 않았냐며, 장 발장을 두둔한다.

이로써 장 발장은 풀려난다. 밀리에르 주교는 어리둥절한 장 발장에게, 자신은 장 발장의 영혼을 위해서 값을 치르는 것이라고 말한다. 밀리에르 주교는 어떠한 사람일까?

그는 고등법원 판사의 아들로서 젊은 시절을 사교와 엽색으로 보냈다. 혁명이 일어나자 이탈리아로 망명했다가 돌아와서는 신부가 되었다. 황제가 숙부 페슈 추기경을 방문했을 때 마침 대합실에서 기다리고 있던 밀리에르와 마주친다. "당신은 나를 바라보고 있는데, 대체 누구시오?" 밀리에르 신부는 답했다. "폐하께서는 한 노인을 보고 계시옵고 저는 한 위인을 보고 있습니다. 우리는 제각기 얻은 바가 있는 셈입니다." 황제는 바로 그날 추기경에게 그 신부의 이름을 물었고 밀리에르는 디뉴의 주교에 임명되었다.

그는 교육을 중요시한다. 무료 교육을 하지 않는 것이 사회의 죄라고까지 주장한다. 사회는 사회가 만들어낸 암흑에 대해, 교육으로써 책임을 져야 한다는 것이다. 죄인은 죄를 범한 자가 아니라 그늘을 만든 자라고 말한다.

그는 또한 도둑이나 살인자 등의 외부의 위험보다 우리 자신을 더 무서워해야 한다고 했다. 편견이 도둑이며 악

덕이 살인자라는 것이다. 즉 가장 큰 위험은 우리 내부에, 우리의 영혼을 위협하는 것임을 알고 있었다.

국민의회 의원이 폐습을 타파하는 것만으로는 부족하고 풍조를 변경할 것을 주장하자 밀리에르 주교는 "당신들은 타도했소. 타도하는 것이 유익할 수도 있소. 하지만 나는 분노 섞인 타도는 믿지 않소"라고 대응한다.

그리고 그는 말과 행동이 일치하였다. 병원에 침대 둘 곳이 부족하다는 사실을 알고 주교 저택과 병원을 바꾼다. 그의 사생활은 그의 공적 생활과 같은 사상으로 가득 차 있었다. 그는 청빈하였다. 성무와 예배를 끝내고 남은 시간을, 맨 먼저 극빈자와 환자와 고생하는 자를 위하여 바쳤다. 그리고 남은 시간은 일을 했다. 혹은 정원의 땅을 갈고 혹은 독서하고 글을 썼다.

이 지방 가난한 사람들은 본능적인 애정에서 그를 비앵브뉘Bienvenu(영어로 welcome이라는 뜻) 각하라고 불렀다. 정약용의 《목민심서》에 "청송지본 재어성의 성의지본 재어신독 聽訟之本 在於誠意 誠意之本 在於愼獨"이라는 구절이 있는데, 밀리에르 주교의 생활을 보면 그 뜻을 이해할 수 있다.

장 발장에게 주교는 말한다. "이곳은 내 집이 아니라 예수 그리스도의 집이오. 이 집의 문은 들어오는 사람에게 그 이름을 묻지 않고, 다만 그에게 고통이 있는가 없는가를 물을 뿐이오."

장 발장은 아주 어려서 부모를 여의었고, 글도 못 배웠으며, 성장한 후에는 파브롤에서 나뭇가지 치는 일을 했다.

밀리에르 주교의 관용은 장 발장을 교화한다. 장 발장은 마들렌이라는 이름으로 몽뢰이유 쉬르 메르에서 흑옥 제조 산업을 일으켜 가난한 사람들을 고용한다. 창녀로 일하다 병이 들어 사경을 헤매는 여직공 팡틴의 딱한 사정을 듣고 그녀의 소원을 들어주려고 한다.

**자베르**

밀리에르 주교의 대척점에 자베르 경감이 있다. 그는 얼음과 같은 차가운 마음과 관권이라는 힘을 등에 업고 죄인을 벌레 이하로 멸시한다. 즉 관에의 존경과 반역에의 증오, 이 두 가지 감정뿐이다.

그의 눈에는 절도나 살해, 그 밖의 모든 범죄는 반역의 변형에 지나지 않았다. 경찰부터 총리대신까지 관직을 가지고 있는 자들을 맹목적으로 신용하는 한편 일단 범죄에 발을 들여놓은 자들을 증오했다. 예외는 없었다. 일례로, 팡틴이 마들렌 시장의 얼굴에 침을 뱉고 욕을 하자 마들렌 시장이 "최고의 법이 양심"이라는 말로 팡틴을 용서하려고 해도 자베르는 그가 법을 모욕했다고 응수한다.

자베르는 1832년 6월 5일과 6일 폭동이 일어나자 바리케이드 근처로 잠입하였다가 붙잡혀 처형을 앞두고 있었다. 코제트가 사랑하는 마리우스가 폭동에 참여하자 장 발장은 마리우스를 구하려고 바리게이트 안으로 진입하였다가 자베르를 발견하고 그를 풀어준다. 장 발장이 부상당한 마리우스의 탈출을 도울 때, 자베르는 장 발장을 풀어준다.

자베르는 자기 앞에서 두 갈래의 길을 보았다. 생전에 오직 하나의 직선밖에는 몰랐던 그는 공포에 떨었다. 그 두 길은 상반되었고 서로를 배척하고 있었다.

자베르는 장 발장이 자신을 용서한 것에 놀랐다. 그보다 더 놀란 것은 자신이 장 발장을 용서한 일이었다. 그는 결국 센강에 몸을 던진다.

### 판사

장 발장은 주교의 집에 자던 날 자문한다. 불행한 사건에서 잘못은 자기 한 사람에게 있었는가?

노동자에게 일감이 없고 성실한 자에게 빵이 없다는 것

은 문제 아닌가? 형벌은 너무 가혹하지 않았는가? 엄한 형벌이 죄악을 없앴는가? 사회는 일거리의 결핍과 형벌의 과중 사이 이 가련한 인간을 잡아둘 권리가 있는가?

판사는 판결에 앞서 피고인의 이런 질문에 답할 수 있어야 한다.

만일 장 발장이 헌병에게 체포되었을 때 밀리에르 주교가 사실대로 고했다면 장 발장은 주교의 은식기를 훔친 것과 그 직후 소년을 상대로 40수짜리 은전을 빼앗은 것까지 포함하여 무기 징역을 선고받았을 것이다.

그랬다면 장 발장은 '무감정한 인간'이 되었을 것이고, 마들렌 시장은 선행을 베풀지 못했을 것이다. 장 발장으로 오인되어 무기 징역을 선고받을 처지에 있던 샹마티외 사건에 스스로 증인으로 출석하여 장 발장임을 고백하고 무기 징역을 선고받는 위험을 감수하지 않았을 것이다. 그리고 코제트는 구제되지 못했을 것이다. 폭도에게 잡힌 자베르를 구출하는 일도 없었을 것이다.

장 발장의 관용에 눈을 뜬 자베르 역시, 체포한 장 발장을 풀어준다. 비록 관리의 의무와 인간의 양심 사이에서 갈등하다가 자살로 마감하지만, 이는 비극을 보여주는 것이 아니라 자베르의 인간적인 면을 드러낼 뿐이다.

판사에게는 밀리에르 주교의 자비심과 자베르 경감의 성실성이 필요하다. 마지막으로 장 발장이 죽음을 앞두고 코제트와 마리우스에게 한 다음과 같은 말은 늘 염두에 두어야 한다.

"죽는 것은 아무것도 아니야. 살 수 없는 것이 무서운 일이지."

## 전쟁과 평화를 다시 읽고

2017. 9. 9.

톨스토이의 소설 《전쟁과 평화》를 다시 읽었다.

1805년 제1차 나폴레옹 전쟁 직전부터 1820년까지의 시기를 재현하였다. 안드레이와 니콜라이는 장교로 참전하고 피에르는 민병으로 참여하였다가 프랑스의 포로로 잡힌다. 피에르는 포로 생활 중 또 다른 포로 플라톤 카라타예프를 만난다. 플라톤은 농부로서 성경의 기도문만 암송하고 성경대로 생활하는데 톨스토이는 그를 정신적 영웅으로 칭송한다. 그 대척점에 나폴레옹을 배치한다.

안드레이가 전쟁에 나가는 것은 현재의 생활이 자신에게 맞지 않았기 때문이었다.

피에르는 무엇 때문에 희생할 것인가가 중요하지 않았

다. 그에겐 희생 그 자체가 기쁘고 새로운 감정이었다. 의식하지 못하는 사이에 플라톤에게서 평안과 만족을 얻었다. 포로로서 행군하던 중 마음에 평화를 주는 새로운 진리를 깨달았다. 고통에도 한계가 있고 자유에도 한계가 있어서, 이 한계가 대단히 접근해 있다는 것을 깨달았다. 의문은 더 이상 그에게 존재하지 않았다. 이제는 '왜?'라는 의문이 생기면 간단명료하게 '신이 있으니까'라고 대답했다.

니콜라이 동생 페트루샤가 전사했다는 기별을 받을 때만 해도 아직 싱싱하고 기운찬 50대 여인이었던 백작 부인(어머니)은, 그로부터 한 달쯤 지나 자기 방에서 나왔을 때는 반쯤 죽어가는 노파가 되어 있었다.

러시아군 총사령관 쿠투조프는 전쟁의 운명을 결정하는 것은 총사령관도, 군대의 위치도, 대포의 수도 아니고, 오직 사기뿐인 것을 알고 있었다. 그래서 전쟁을 승리로 이끈다.

이 소설에서 전쟁은 다소 낭만적으로 그려져 있고 평화는 신에 대한 믿음과 결부되어 있다. 지금의 전쟁은 전멸이고 평화는 생존이다. 그러므로 평화 정책은 결코 가볍게 취급해서는 아니 된다.

# 적과 흑을 다시 읽고

**2017. 10. 22.**

스탕달의 《적과 흑》을 다시 읽었다.

작가의 본명은 앙리 벨, 1783년 태어났고 1830년 이 소설을 출간하였다. 이 작품에는 드 레날 부인과 마틸드 드 라 몰이라는 대조적인 두 여주인공이 등장하여 주인공 쥘리엥 소렐과 애정 관계를 맺는다. 쥘리엥 소렐의 출세욕과 관련이 있다. 이 작품은 프랑스판 '사랑과 야망'이라고 볼 수도 있다.

한편 이 작품은 프랑스 왕정 복고기의 정치적 연대기다. 소설은 시대의 거울이라는 이론에 입각하여 자기 시대의 연대기로 만들었다. 쥘리엥 소렐은 대혁명과 나폴레옹 제정 이후 세대의 사회적 상향 의지를 가장 통렬하고 극적인 형태로 구현한 인물이다.

　살인은 미수에 그쳤고 피해자가 피고인을 살려달라고 애원하는데 배심 재판에서 사형이 선고된 것은 쥘리엥의 최후 진술 때문인 것 같다. 자신과 같은 부류의 젊은이들을 징벌해 그들을 의기소침하게 만들고자 하는 국가의 의도를 그는 간파했다. 자신과 같은 부류란 무엇인가? 하층 계급에서 태어났지만 좋은 교육을 받았고 "부유한 사람들의 오만이 사교계라고 부르는 것에 대담하게 끼어들려 한 젊은이들"이다. 쥘리엥은 이것이 자신의 범죄였다고 자조하며 배심원석을 향해 일갈한다.

　"본인의 눈에는 배심원석에 부유한 농민 하나 보이지 않고 오직 분개한 부르주아만 있을 뿐입니다."

# 열린 사회와 그 적들을 읽고

2018. 3. 20.

칼 포퍼《열린 사회와 그 적들 1》을 읽었다.

저자의 비판적 합리주의는 빈학파의 논리 실증주의를 비판하고 그 대안으로 제시한 반증주의로 특징지을 수 있다. 즉 한 이론의 과학적 자격의 기순은 그 이논의 반승 가능성, 반박 가능성, 테스트 가능성이다.

저자는 열린 사회의 적으로 역사주의를 꼽는다. 특히 플라톤과 마르크스를 열린 사회의 적으로 비판한다. 이 책에서는 인류의 역사를 닫힌 사회와 열린 사회의 오랜 투쟁 과정이라고 본다.

우리나라는 열린 사회인가, 닫힌 사회인가?

# 3 _____ 사회에 바란다

# 형사 사건 재배당과
# 양형 기준제

2005. 9. 30.

특정 형사 사건의 재배당에 관한 예규 폐지와 양형 기준제 전면 확대를 건의합니다.

법원 안팎의 높은 기대 속에 대법원장에 취임하신 것을 축하드립니다. 대법원장님께서 6년의 임기 동안 추진할 개혁 과제를 정하실 때 참고하셨으면 하는 뜻에서 이 글을 올립니다. 제 주장의 요지는 특정 형사 사건의 재배당에 관한 예규를 폐지하고 그 대안으로 양형 기준제를 전면 확대하자는 것입니다.

**특정 형사 사건의 재배당에 관한 예규의 문제점**

특정 형사 사건의 재배당에 관한 예규는, 법관이 퇴직한 때로부터 1년 이내 최종 근무 법원에 변호인 선임계를 제출하는 형사 사건에 관하여 이를 특정 형사부로 재배당하는 것을 원칙으로 하고 있습니다. 그 취지는 이른바 전관예우 논란을 해소하려는 것으로 보이지만, 그 목적이 달성되었는지도 의문일 뿐만 아니라 현재 다음과 같은 부작용이 생기고 있습니다.

하나, 특정 계층의 피고인에게 재판부 선택권을 부여하게 됩니다.

처음 배당받은 재판부가 마음에 들지 않을 경우 전관 변호사를 선임할 자력이 있는 피고인에게는 특정 형사부로 가는 길이 생깁니다. 실제로 전관 변호사가 판사실로 찾아와 특정 형사부로 재배당해달라 요청하는 경우도 있습니다.

둘, 사무 분담의 효율성이 낮습니다.

법관의 사무 분담은 재판 사무를 사건의 성격에 따라 분류하여 전담 재판부에 배정하는 방식으로 이루어집니다. 그런데 특정 형사 사건의 재배당에 관한 예규가 시행됨으로써 특정 형사 사건이 합의 사건일 경우 해당 법원의 수석부에 재배당하게 되고 수석부에서는 고유의 사무 분담 외에 간헐적으로 재배당되는 특정 형사 사건을 담당하게 됨으로써 재판 업무에 많은 애로를 겪는 것으로 알고 있습니다. 공판 검사 및 참여 사무관도 마찬가지 사정입니다.

**전관예우 논란을 해소하는 데 적합한 수단인지 의문입니다**

우선 특정 형사부를 구성하는 수석부나 고참 단독이 전관예우 논란에서 자유로운지도 검토되어야 할 것입니다.

법관이 전관 변호사와 쌓은 정의情誼 때문에 전관예우를 하게 된다는 속설을 그대로 따르면, 현재 특정 형사부를 구성하게 되는 수석부나 고참 단독은 상대적으로 경력이 높은 법관들로 구성되어 있으므로, 전관 변호사와 같이 근무한 기간이 길 가능성이 높고, 정의情誼란 세월에 비례하게 마련이므로, 전관예우에서 오히려 덜 자유롭다는 주장도 가능한 것입니다.

특정 형사 사건을 어느 재판부에 집중함으로써 석방률과 같은 통계 수치를 인용하여 전관예우 논란을 해소할 수 있다고 생각할 여지도 있지만, 특정 형사 사건이 일반 형사 사건에 비하여 대체로 사안이 중대한 상황에서, 비록 전관 변호사의 성공률이 일반 변호사의 그것보다 낮다고 하여 곧바로 전관예우가 없다는 증명도 되지는 못할 것입니다.

**대안으로 양형 기준제 전면 확대를 건의합니다**

전관예우 논란이 해소되지 않는 것은 전관예우가 없다는 점을 증명할 방법이 없기 때문입니다. 따라서 그 해결책은 증명할 근거를 마련하는 것이며, 이는 곧 양형 기준제로 귀결될 것입니다.

서울중앙지법이 20개 범죄에 대하여 양형 기준을 제정·시행하고 있고, 각급 법원도 정도의 차이는 있지만 일정한 범위 내에서 양형 기준을 제정·시행하고 있으며, 이로 인한 긍정적인 효과가 보고되고 있습니다만, 이것만으로는 부족하다고 생각합니다.

이제는 여론에 떠밀려서가 아니고 자발적으로 양형 기준제를 전면 확대할 때가 되었다고 봅니다. 항소심 법원을 중심으로 해당 법관들이 연구하고 토론하여 양형 기준을 만들고 이를 내규 형식으로 공식화하여 횡적·종적으로 계승하여야 한다고 봅니다.

양형 기준제 전면 확대만이 전관예우 논란을 일거에 잠

재우고 법무부의 양형 기준법 제정 시도를 봉쇄하는 가장 유력한 방법이고, 국민의 개혁 요구에도 부합할 것입니다.

물론 양형 기준제 전면 확대에 관하여 법관들 사이에 논란이 있는 것도 사실이지만, 이는 양형 기준제라는 큰 틀에서 극복되어야 할 문제일 뿐, 양형 기준제를 시행하느냐 마느냐를 선택할 수 있는 상황은 지났다고 봅니다. 국민의 신뢰와 지지 없이 사법부가 존재할 수 없고, 사법부의 존재 없는 민주주의는 공염불에 그칠 것이기 때문에 그렇습니다.

지식과 경험이 일천하여 주장이 다듬어지지 않았습니다. 많은 분들의 가르침을 바랍니다.

# 공판 중심주의와 그 적들

2006. 10. 8.

최근 한 달간 검사와 변호사의 역할에 대한 이용훈 대법원장님의 말씀이 회자되었습니다. 이 사태는 대법원장으로서 타 직역의 역할에 대하여 적절하게 발언했느냐를 형식으로 하고 있지만, 그 실질은 공판 중심주의를 바라보는 시각의 차이에서 비롯되었다고 봅니다.

공판 중심주의란 법정에서 조사한 증거를 중심으로 재판한다는 뜻입니다. 어떤 이는 당연한 이야기를 특별히 강조할 필요가 있느냐고 말합니다. 맞습니다. 그러나 공판 중심주의란 말이 새삼스럽게 강조되는 이유는 그동안 이 원칙이 제대로 구현되지 못했기 때문입니다.

공판 중심주의의 참모습을 알기 위해서 그 적들을 나열

해보는 것도 도움이 되겠습니다.

- 수사 기관이 피의자 신문 조서 및 진술 조서에 무심코 또는 의도적으로 넣어놓은, 피고인에게 불리한 내용을 진실로 받아들인다.
- 전관 변호사가 판사실을 방문하거나 전화를 이용하여 판사에게 안부를 묻는 척하면서 양형에 영향을 가하려고 애쓴다.
- 확인되지도 않는 양형 사실을 수사 기록 모퉁이에서 끄집어와서 양형 이유로 삼는다.
- 법정 증언은 늘 피고인 측에 의하여 왜곡되는 것이고 수사 기록 진술 조서는 왜곡할 시간적 여유 없이 진실되게 작성된 것이다.
- 수사 기관은 공무원인데 사심에 의하여 사건을 조작하겠느냐.
- 변호사는 보수를 받으니 피고인의 이익을 위하여 사건을 왜곡한다.
- 범행 수단, 방법 및 결과가 얼마나 엄청난 것인지 방청석에서는 알 수 없고 알 필요도 없다.

공판 중심주의란, 만인이 지켜보는 법정에서 심증을 형성하라는 것입니다. 왜냐하면 법정은 공개와 투명을 생명으로 하고 공정한 조건이 보장되기 때문입니다.

법정은 우선 공개와 투명을 생명으로 합니다.

법원 조직법에는 심리의 공개를 원칙으로 하고, 국가의 안전 보장, 안녕 질서 또는 선량한 풍속을 해칠 우려가 있을 때만 비공개할 수 있도록 규정되어 있고, 실제로 강간 사건을 비롯한 성폭력 범죄를 제외하고 비공개로 재판하는 경우는 없습니다.

법정은 공정한 조건이 보장됩니다.

피고인에게도 변호인의 조력을 받을 권리를 보장하여 억울함을 호소할 수 있는 무기를 제공합니다. 증인에 대하여 신청한 당사자뿐만 아니라 그 상대방에게도 질문할 권리를 보장함으로써 진실에 다가설 수 있는 기회를 보장합니다.

진실은 공정의 조건에서 그 모습을 드러낸다는 것이 역사의 경험입니다. 어쩌면 공개, 투명, 공정은 형제일지도 모릅니다.

예컨대, 사회 지도층 범죄 사건에 관하여, 수사 기록에 나오는 범죄의 수단과 방법 및 결과가 법정에서 낱낱이 공개되고, 많은 사람들이 이를 지켜보고, 전문가의 증언으로 범죄의 심각성이 강조되었을 때, 변호인이 제출한 양형 자료들이 검사에 의하여 탄핵되는 과정을 거쳤을 때 온정주의적 판결을 쉽게 내릴 수 있을까요?

공판 중심주의가 공정하고 적정한 결론을 보장할지도 모릅니다.

공판 중심주의가 헌법 및 법률의 요청이고 정당한 것임에는 틀림없지만, 이를 구현하는 데 많은 제약이 있음도 숨길 수 없습니다.

판사를 비롯한 소송 관계인의 타성, 심리 시간의 부족, 법정의 부족, 증인의 비협조, 위증 사범에 대한 엄정한 처벌 등이 우선 해결되어야 할 것입니다. 지금은 공판 중심주의를 어떻게 바라볼 것인가에 관하여 논쟁할 때가 아니라 공판 중심주의의 한계를 극복하는 데 지혜를 모을 때입니다.

이것이 사법부 수장의 발언을 단서로 벌어진 논쟁을 각 직역의 역할에 부응되고 국익에 부합되게 승화하는 길일 것입니다.

# 변화의 시대에
# 판사로 사는 방법

2007. 1. 6.

**앨빈 토플러의 경고**

앨빈 토플러는 최근 저서 《부의 미래》에서 속도의 충돌에 관하여 이야기하였다. 미국에서 기업은 가장 빠르게 시속 100마일로 달리는 데 반해 법은 가장 느리게 시속 1마일로 달린다고 비유하면서, 미국이 당면한 문제는 빠르게 성장하는 신경제의 요구와 구사회의 타성적인 조직 구조가 일치하지 않기 때문이라고 경고하였다. 대한민국은 어떨까?

대법원장님 취임 이후 숨이 가쁠 정도로 변화를 추구한 것 같은데, 2006년 12월 26일 한국개발연구원이 작성한 〈사회적 자본 실태 종합 조사〉에 따르면 법원에 대한 국민의 신뢰도가 10점 만점에 4.3점에 불과하여, 모르는 사람을 처음 만났을 때의 신뢰도인 4.0점을 겨우 넘는 수준이고, 경찰에 대한 국민의 신뢰도 4.5점에도 미치지 못하는 것으로 밝혀짐에 따라 갈 길이 멀다는 것을 실감하게 되었다.

### 활로 모색

법원 사람들이 얼마나 청렴한지 얼마나 유능하고 성실한지 잘 알고 있는 나는 국민이 법원에 대하여 충분한 신뢰를 보내지 아니하는 이유에 관하여 오랫동안 궁리하였고 사회 지도층 범죄에 대한 엄정한 양형 등 몇 가지 방안을 제시한 바 있다.

2005년 2월 1일부터 현재까지 형사부를 맡으면서 많은 생각을 하였다. 앨빈 토플러가 《제3물결》에서 말했듯이 한국도 소품종 대량 생산 체제를 기반으로 하는 제2물결 문명에서 다품종 소량 생산을 기반으로 하는 제3물결 문명으로 진화한 지 오래인데, 법원도 그에 걸맞게 개개 사건에 맞는 처리, 즉 사법의 개별화를 해보면 어떨까?

재판 절차 및 결과를 투명하게 해보면 어떨까? 재판 절차에 법원 외부에 있는 인적·물적 자원을 활용할 수는 없을까? 범죄의 결과만 보고 형을 정하는 것을 넘어서 범죄의 원인을 찾아 그 원인을 치유할 방법은 없을까? 사법이 감동을 창조할 수는 없을까?

### 사법의 개별화 사례

하나, 가정 폭력 상담 조건부 보석.

내가 속한 재판부(항소부 및 합의부 겸임)에 가정 폭력 사건 두 건이 비슷한 시기에 배당되었다. 한 건은 야구방망이로 아내를 때려 상해를 가한 죄로 1심에서 징역 2년 6월을 선고받아 항소한 사건이고, 다른 건은 아내를 때려 상해를 가하였거나 가족이 살고 있는 집을 태우려다가 미수에 그친 내용으로 기소된 사건이었다.

둘 다 피해자들이 피고인의 선처를 호소하고 있지만, 재범의 가능성이 걱정되는 사건이었다. 재판부는 고민 끝에 가정 폭력 상담 및 치료 프로그램 이행을 조건으로 보석을 허가하기로 하였다. 피고인들로 하여금 가정폭력상담소에서 장기간에 걸친 상담 및 치료 프로그램을 이행하게 하고 그 결과를 양형에 반영해보자는 취지였다.

피고인들은 창원 가정폭력상담소에서 6개월 과정 프로그램에 따라 개별 상담 및 집단 상담, 피해자와 대화의 시간 등을 거쳤다. 가정폭력상담소가 재판부에 보내온 의견서는 20쪽이 넘을 정도로 자세하고도 깊이가 있었는데, 결론적으로 한 명에 대하여는 재범 가능성이 낮다는 의견을, 다른 한 명에 대하여는 재범 가능성이 있다는 의견이었다.

재판부는 재범 가능성 낮다는 피고인에게는 즉시 선고기일을 정하여 집행 유예 및 보호 관찰을 선고하였고, 재범 가능성이 있다는 피고인에 대하여는 가정폭력상담소의 의견서를 분석해본 결과 알코올 중독증이 원인이라는 생각이 들어 그 피고인에 대하여 다시 알코올 중독증 치료를 명하였다. 그 피고인은 병원에서 몇 개월간 알코올 중독 치료를 받은 후에야 재판부로부터 집행 유예 및 보호 관찰을 선고받았다.

피고인들 모두에게 특별 준수 사항으로 피해자와 함께 월 1회 이상 취미 생활을 같이 하고 그 결과를 보호 관찰관에게 보고하도록 명하였다. 그들은 지금 어떤 취미 생활을 하고 있을까?

둘, 약물 중독 치료 조건부 보석.

본드 흡입으로 소년 보호 처분을 받은 적이 있고 이종 범죄로 집행 유예 중인 피고인이 본드 흡입으로 기소되어

1심에서 징역 8월을 선고받고 항소한 사건이 배당되었다.

조사한 결과에 따르면, 피고인은 나이가 20대이고, 어머니의 재혼으로 계부와 살면서 정체성의 혼란을 겪어 가출한 뒤 또래의 비행 문화에 흡수되었고, 자신을 과도하게 비판하면서 현실 도피 수단으로 본드 흡입을 선택한 것으로 보였다.

재판부는 약물 중독 치료 조건부 보석을 허가하였는데, 어머니가 당초 약속과 달리 피고인에 대한 믿음이 없다는 이유로 보증보험증권 제출을 거부하였다. 할 수 없이 다시 보증금을 대폭 낮춘 내용의 보석 허가 결정을 하고 재판부 예산으로 보증금을 납부하였다.

그사이에 약물 중독 치료를 무료로 받을 수 있는 병원을 찾아본 결과 국립부곡병원에서 호의적으로 응해외 피고인이 무료로 약물 중독 치료를 받게 되었다. 국립부곡병원의 약물 중독 치료 과정은 필로폰 투약자를 대상으로 개설된 것이지만 법원의 요청을 고려하여 피고인에 대하여도 실시해보겠다고 하였다.

피고인은 국립부곡병원에서 1개월 정도 입원 치료를 받은 이후에 2개월 정도 통원 치료를 받았고, 국립부곡병원은 단약 및 재활 의지가 뚜렷하다는 의견을 제시하였다. 그동안 가족들도 피고인과 함께 살면서 피고인의 재활을 돕겠다고 나섰다.

재판부는 피고인에게 벌금형을 선고하면서 《마시멜로 이야기》라는 책을 선물하였다. 15분만 참으면 마시멜로를 하나 더 받을 수 있다는 말과 함께. 그는 15분을 참았을까?

셋, 피해자 개호 및 업무 지원을 내용으로 하는 사회봉사.

교통사고로 피해자에게 장기간의 치료를 요하는 골절상을 가하였지만 책임보험에도 가입하지 아니하고 피해자와 합의도 하지 못하여 1심에서 금고 8월을 선고받고 항소한 사건이 배당되었다. 재판부에서 직권 증인으로 피해자를 불렀다.

그런데 의외로 피해자가 피고인의 처지를 딱하게 여겨 피고인의 선처를 호소하는 것이 아닌가? 아직 사고 후유증에도 벗어나지 못하였는데도 말이다.

고민 끝에 피고인에게 집행 유예와 함께 160시간의 사회 봉사를 명하였다. 사회 봉사의 내용은, 피해자가 장애로 자동차 정비업소를 제대로 운영하지 못하는 점과 피고인이 피해 회복을 한 바 없다는 점을 고려하여, 피해자의 지시에 따라 그를 개호하거나 그의 업무를 지원하라는 것이었다. 피해자는 피고인에게 무슨 일을 시켰을까? 피고인은 그 지시를 수행하는 과정에서 무엇을 느꼈을까?

넷, 성폭력 교정 프로그램 이행 조건부 보석.

16세의 소년이 강제추행치상죄로 구속 기소된 사건이 있었다. 심리 결과 소년은 고아원에 거주하는 고등학생이었다. 재판부는 성폭력 교정 프로그램 이행을 조건으로 보석을 허가하였다. 보증보험증권 제출자를 고민하였는데 마침 법정에 나와 있던 보육원장이 흔쾌히 동의하는 바람에 그녀를 보증보험증권 제출자로 하여 보석을 허가하였다.

성폭력상담소에는 공소 사실 및 교정 프로그램 이행을 의뢰하게 된 사정 등을 설명하였고, 피고인에게는 성폭력상담소의 의견을 양형에 적극 반영하시겠다고 하여 실효성을 높였다.

성폭력 교정 프로그램은 상담과 체험 및 교육을 통하여, 피해자가 성폭력으로 얼마나 고통받고 있는지, 피고인의 잘못된 생각이 무엇인지를 깨닫는 절차라고 한다.

피고인이 성폭력의 심각성을 깨닫고 성에 대한 잘못된 시각을 교정하여 재범을 방지할 수 있다면 그를 교도소 대신 성폭력상담소로 보내면서 느꼈던 재판부의 불안이

무의미하게 되지는 아니할 것이다.

지난번에도 고등학생을 상대로 성폭력 교정 프로그램을 이행한 결과 재범 방지에 대한 긍정적 의견이 제시되어 집행 유예 및 보호 관찰을 명한 적이 있는데, 이번에도 피고인이 성폭력 교정 프로그램을 제대로 이행하여 재범을 하지 않는 쪽으로 갔으면 좋겠다. 그사이 피해자의 용서를 얻으면 더 좋겠고….

### 반성과 후회

형사부를 있으면서 몇 차례 기피 신청을 당했던 일, 직권 남용으로 고소당했던 일이 떠오른다. 물론 그렇게 된 데에는 피고인이 절차를 오해한 점에도 원인이 있지만, 근본적 원인은 재판이라는 것이 결국 피고인을 설득하는 절차라는 것을 깨닫지 못하고 피고인의 권리를 재판장의 아량쯤으로 생각한 나에게 있었다. 반성하고, 후회한다.

그중 일부 사건에 관하여는 보석을 허가하고 후임 재판부에 사건을 넘겼다. 후임 재판부에 죄송하고, 사건 처리 방향에 관하여 충고해준 ○○○ 부장께 감사드린다.

### 다산 정약용의 충고

형벌의 목적은 일반 예방 효과 또는 특별 예방 효과에 있다고 설명되고 있지만, 어느 것이든 국민의 법 준수 의지를 높이지 아니한다면 목적 달성은 불가능하다고 본다. 이 점에서 현재의 사법 제도는 좀 더 유연해질 필요가 있다.

정약용 선생의 《목민심서》 '형전육조'에서 따온 아래 문구를 인용하면서 부족한 이 글을 마친다.

"형벌로써 백성을 바르게 한다는 것은 최하의 수단이다. 자신을 단속하고 법을 받들어서 장엄하게 임한다면 백성이 법을 범하지 않을 것이니 형벌은 없애버려도 좋을 것이다."

"횡포와 나동을 금지하는 것은 백성을 편안하게 하는 것이요, 호족과 강성한 자를 단속하며 귀족이나 근시近侍를 꺼리지 않는 것은 목민관으로서 마땅히 힘써야 할 일이다."

#  독립되어 있지 아니하면
사법이 아닙니다

2009. 5. 11.

**헌법**

최근 들어 《헌법전》을 뒤져보는 버릇이 생겼습니다. 헌법 제103조는 '법관의 독립'이라는 제목을 달고 "법관은 헌법과 법률에 의하여 그 양심에 따라 독립하여 심판한다"라고 되어 있습니다.

헌법을 다 뒤져봐도 역할을 정의하면서 '독립하여'가 규정되어 있는 헌법 기관은 법관 이외에는 없었습니다. 왜 헌법을 기초한 사람들은 유독 법관에게만 독립을 강조했을까 궁금했습니다. 몇 달 동안 이 문제를 가지고 연구하고 사색해보았습니다.

### 사법의 독립

우선 몽테스키외를 만날 수 있었습니다. "재판권이 입법권과 집행권으로부터 분리되어 있지 않을 때에도 자유는 존재할 수 없다. 동일한 인간 또는 귀족이나 시민 중 주요한 사람의 동일 단체가 세 가지 권력을 행사한다면 모든 것은 상실되고 말 것이다." 그는 권력을 분산해야 국민의 자유가 보장된다고 보았고, 이런 점에서 사법권도 다른 권력과 분리할 필요를 인정하였습니다.

《군주론》을 쓴 마키아벨리도 중립적인 법원의 존재 의의를 인정하였다는 점을 발견한 것은 놀라운 경험이었습니다. 마키아벨리는 1254년경에 설립된 파리의 고등법원을 예로 들며 중립적인 법원의 존재가 왕의 자유 및 안전의 기초가 되는 가장 중요한 제도임을 인정하였습니다. 중립적인 법원의 존재는 왕의 자유 및 안전의 기초에도 도움이 된다는 것이지요.

그 이후 나온 많은 이들의 책을 검토한 결과, 재판의 독립은 법치주의의 핵심이고 법치주의는 자유민주주의자의 신념이며, 자유민주주의자가 사법의 독립을 가벼이 여기는 것을 본 바가 없습니다. 오죽하면 미국에서 사회주의 국가의 메이데이와 대항하는 의미로 법의 날을 5월 1일로 정했겠습니까?

그럼에도 최근 들어 사법의 독립을 사법 행정권과 동렬이거나 아니면 어떤 상황에서는 사법 행정권 아래에 존재할 수도 있는 가치쯤으로 여기는 주장을 보고 있으면 혼란스럽습니다. 미국의 루스벨트 대통령이 대공황을 타개하려고 뉴딜 정책을 펼칠 때 보수적인 연방대법원이 얼마나 많은 제지를 하였는지를 보면 제 혼란을 조금 이해할 수 있을 것입니다.

**다양성 보장**

그러나 저는 사법의 독립을 위와 같이 바라보는 데는 뭔가 부족함을 느꼈습니다. 그러던 차에 생태계는 생물의 다양성이 보존될 때 안전하고, 단순한 생태계는 파괴 가능성이 크다는 사실을 알게 되었습니다.

본의 아니게 적자생존의 근거로 자주 등장하는 다윈의 진화론도 그 본질은 가장 우수한 종을 추구하는 경쟁이 아니라, 오히려 모든 생명체의 공통 기원에 중점을 두면서 현 생태계의 다양성을 찬미하는 것이라는 내용의 책(멜빈 브래그, 《세상을 바꾼 12권의 책》)도 읽게 되었습니다.

21세기의 가치로 생태주의를 꼽는 데 이견이 없을 듯한

데, 생태주의 시대를 특정 짓는 가장 소중한 가치는 다양성이라고 합니다. 국제 사회는 생물 다양성 보존 협약까지 체결해가며 생물의 다양성을 보존하려고 노력하고 있습니다.

《미국의 민주주의》를 쓴 토크빌조차도 "민주주의의 특징적인 감정들 가운데 한 가지는 다양성을 추구하는 성향"이라고 서술한 바 있습니다.

그렇다면 사법에서는 어떻게 다양성이 보장될까요? 그 해답 역시 '독립'이라는 것입니다. 독립되어 있지 아니하고 다수자가 지배할 경우 다양성이 보장되지 못함은 설명할 필요도 없겠지요.

시국 사건에서 일사불란한 처리를 주문했던 유신 시대, 제5공화국 시대를 떠올려보면 쉽게 이해가 가실 것입니다. 여기서 다수자는 권력의 형태로 존재할 수도 있고, 여론의 형태로 존재할 수 있으며, 권력은 외부에 있을 수도 있고 내부에 있을 수도 있겠지요.

여기서 이런 질문이 나올 것 같군요. 그럼 들쭉날쭉한 판결이 나와도 된다는 말이냐. 그럼 곤란하겠지요. 그렇지만 우리 헌법은 그에 대한 해답을 준비하고 있지 않습니까? 바로 헌법 제101조에서 정한 심급 제도가 그것이지요.

토론을 거쳐 보편타당한 가치를 모색하는 것이야말로 민주주의의 요체이고 민주주의의 사법 역시 예외가 아니겠지요. 토론 과정에서 정합성을 잃은 것은 걸러지고 다수 의견은 더욱 풍부한 내용을 담을 수 있겠지요.

여기서 걸러진다는 말의 뜻을 폐기물이 되었다는 뜻으로 새겨서는 아니 될 것입니다. 대법원의 판례 변천 과정을 보면 소수 의견이 다수 의견이 되고 다수 의견이 소수 의견이 되는 예를 수없이 보아온 우리로서는, 걸러진 소수 의견은 언젠가 재활용될 수도 있는 '소중한 의견'이라고 생각합니다.

부레옥잠 같은 흔한 풀도 상수원의 부영양화를 막는 데 더할 나위 없이 효과적인 기능을 한다는 점이 밝혀지듯 이름 모를 풀 한 포기, 이름 모를 나무 한 그루도 하찮게 여길 수 없다고 생각합니다. 그러나 다양성이 보장되지 아니할 때 토론은 가능하지도 않고, 가능하더라도 별다른 의미가 없는 것이지요.

### 마무리

이제 깊이도 없는 제 이야기를 마무리할 시간이 된 것 같습니다. 최근에 파스칼의 《팡세》를 만났습니다. "다양성 없는 통일은 외부의 사람들에게 무익하고, 통일 없는 다양성은 우리에게 파멸을 가져온다. 전자는 외부에 해롭고, 후자는 내부에 해롭다."

다양성은 외부의 사람들에게도 내부의 사람들에게도 유익하다는 뜻으로 읽었습니다. 다양성과 안전성을 동시에 갖춘 균형적 상태, 즉 다안성多安性을 추구하자는 것이 제 주장입니다.

다소 거칠게 제 주장을 요약하면 다음과 같습니다.


- 독립되어 있지 아니하면 사법이 아니다.
- 사법의 독립과 사법 행정권은 비교 형량을 거론할 수 있을 정도로 동등한 가치가 아니다. 만일 사법의 독립과 사법 행정권이 교차한다면 마땅히 사법 행성권이 사법의 독립에게 길을 양보해야 한다.

내부자에 의한 재판권 침해를 용인한다면 외부자에 의한 재판권 침해를 막을 수 있을까 하는 의문을 제기하면서 부족한 이 글을 마칠까 합니다.

# 솔로몬왕의 판결

2009. 6. 9.

### 쟁점

신 대법관님의 법원장 재직 시절 행위는 재판권을 침해한 것인가, 사법 행정권을 행사한 것인가? 신 대법관님의 행위가 재판권 침해에 해당한다면 우리는 침묵할 것인가, '아니요'라고 말할 것인가?

이 문제를 판사들이 토론하지 말아야 할 어떠한 법적·도덕적 근거도 없고, 오히려 판사들이야말로 이 문제를 토론하기에 적합하고 토론 결과에 대하여 책임을 질 수 있는 존재라고 생각합니다.

**판결로 말할 수 없는 것들**

사법연수원을 수료할 때 판사직을 선택하는 이유가 무엇인지 생각해봤습니다. 저는 법률에 따라 검사동일체 원칙을 적용받는 검사보다는 헌법에 따라 재판의 독립을 보장받는 판사가 좋아 법원에 들어왔습니다.

재판의 독립은 사법부 존립의 필요조건이자 판사 자긍심의 원천입니다. 이 사태는 이 점을 주목해야 제대로 이해할 수 있습니다.

어느 판사님이 무죄 판결을 선고하였고, 그 후 6일 만에 다른 법원으로 전보되었습니다. 다른 판사님이 〈법률신문〉에 이를 우회적으로 비판하는 취지의 글을 기고하였고 2일 만에 다른 법원으로 전보되었습니다. 어느 나라, 언제 적 일 같습니까? 대한민국에서 1985년 8월 26일부터 9월 4일 사이 일어난 일입니다.

1988년 6월 15일 소장 판사들이 대법원의 쇄신을 주장하는 내용의 성명서를 발표하였고, 당시 대법원장님이 물러나셨습니다. 이것이 이른바 제2차 사법 파동입니다. 그 이후로 우리는 재판의 독립을 적어도 내부에서 침해하는 사례를 본 적은 없는 것 같습니다.

그로부터 20년이 지난 2008년 여름 그리고 가을에 어느 법원장님이, 형사 단독 판사에게 구체적 사건에 관하여 보석 사건을 신중하게 처리하라고 요구하고, 위헌 법률 심판 제청 결과를 기다리고 있는 판사들에게 현행 법률에 따라 신속하게 처리해달라고 독촉하고, 시국 사건이라는 이유로 어느 판사에게 배당을 몰아주었다가 판사들의 항의를 받아 시정을 약속해놓고서 특정 판사들을 배당에서 제외하거나 특정 판사들에게만 배당하는 방법으로 임의 배당을 하였습니다.

우리는 역사가 후퇴하고 있는 것이 아닌가 하는 절박함을 느끼고 있습니다.

우리는 제2차 사법 파동에 참여했던 선배들의 고뇌와 결단으로 그동안 재판의 독립이라는 혜택을 누려온 만큼, 우리 후배들도 같은 환경에서 근무하도록 보장해주어야 할 역사적 책무가 있습니다.

### 존경의 힘

저는 최근의 사태가 두 여인이 한 아이의 어머니라고 우기며 솔로몬왕에게 해결을 요청하는 상황과 비슷하다고 생각합니다. 솔로몬왕은 아이를 나누어 가지라고 판결하였고, 그 결과, 아이를 포기함으로써 아이의 진짜 어머니임을 증명한 여인을 가려냈습니다. 저는 2009년 5월 13일 솔로몬왕의 판결이 내려졌다고 생각합니다.

  법원을 둘로 나눌 수는 없다고 생각합니다. 사법 행정권이라고 생각하는 법원과 재판권의 침해라고 생각하는 법원으로 나누어진다면, 법원이 헌법에서 부여받은 임무를 제대로 수행할 수 없다고 생각합니다. 사법부는 분쟁을 해결하는 곳이지 분쟁을 만드는 곳이 아니라는 점까지 염두에 둔다면 더욱 그러합니다. 아이의 생명을 위하여 어머니임을 포기할 수 있는 사람, 그 여인이 아이의 진짜 어머니라고 생각합니다.

# 진주지원장 취임사

2011. 2. 28.

여러분 반갑습니다. 문형배입니다. 태어나고 자란 이곳에 28년 만에 지원장으로 돌아왔으니 저에게는 영광스러운 일입니다. 저의 영광이 여러분의 영광이 될 수 있도록 힘써 보겠습니다.

법원행정처 심의관으로 탁월한 능력을 보여주신 ○○○ 부장님, 선임 단독인 ○○○ 판사님, 부산에서 같이 근무했던 ○○○, ○○○ 판사님, 중요 사건 처리로 고생한 ○○○ 판사님, 시군법원 판사를 새로 맡게 된 ○○○, ○○○ 판사님, 단아한 인상의 ○○○, ○○○, ○○○ 판사님, 자전거로 유럽을 횡단하고 오신 ○○○ 판사님, 그리고 막내였던 ○○○ 판사님, 새롭게 막내가 된 ○○○ 판사님, 그리고 평소 존경하는 ○○○ 사무과장님, ○○○, ○○○ 사법보좌관님, ○○○ 민형과장님, ○○○ 등기과장님, 그리고 오래도록 진주지원을 지켜온 ○○○ 법원주사님, ○○○ 경위주사보님, ○○○ 주임님을 비롯한 직원 여러분.

저는 제 자신의 평판을 위하여 여러분에게 변화를 요구하지는 않겠습니다. 다만 오늘 이 자리에서 소통을 이야기 하고 싶습니다.

첫째, 재판부 내 소통입니다.

판사는 참여관, 실무관, 법원 경위, 속기사의 헌신과 열정 없이 훌륭한 판결이 나오지 않는다는 것을 알아야 합니다. 민원인이 과에 와서 얼마나 따지는지, 그 때문에 직원들이 얼마나 고생하는지를 알아야 합니다. 직원들은 판사가 자부심을 갖지 못할 때 좋은 재판을 할 수 없다는 것을 알아야 합니다. 재판부는 하나이지 둘이 아닙니다. 이러한 토대 위에서 재판부 내 소통이 이루어질 때 법원은 국민의 신뢰, 국민의 존경을 받는 방향으로 나아갈 수 있을 것입니다.

둘째, 진주지원 구성원 간의 소통입니다.

많지도 적지도 않은 사람들이 진주지원을 구성하고 있습니다. 자주 만나고 고락을 같이함으로써 서로의 폭과 깊이를 발견하고 공감대를 넓혀간다면 이곳은 아름다운 직장이 될 것입니다.

셋째, 국민과 법원 간의 소통입니다.

법원을 찾는 국민은 한두 가지의 고통과 상처를 갖고 있습니다. 우리가 국민의 고통을 공감하고 상처를 치유해봅시다. 멀리 가서 봉사를 할 필요가 없지요. 그 과정에서 우리가 상처를 입더라도 이른바 상처받은 치유자로 자리매김할 수 있다면 국민에게는 축복이고 우리에게는 영광이 될 것입니다. 그런 뒤에 국민도 우리의 진심을 알아줄 것입니다. 어려울 때 찾는 친구처럼 말입니다.

진주지원 구성원 여러분, 우리가 만났으니 언젠가는 헤어지겠지요. 그때까지, 이 법원을 아침에 일어나면 출근하고 싶은 직장, 밤에 잠자리에 들면 '오늘 하루 참 보람 있었다'고 느끼는 직장으로 만드는 데 정성을 다하겠습니다.

저의 위치는 여러분 위도 아니고 아래도 아니고 여러분 사이입니다. 여러분을 연결하고 싶습니다. 저를 소통의 도구로 사용해주십시오.

# 조정위원 위촉식 인사말

2011. 3. 28.

평소 진주지원을 사랑해주시는 ○○○ 조정위원회 회장님, ○○○, ○○○, ○○○, ○○○, ○○○ 부회장님을 비롯한 조정위원 여러분, 새로이 진주지원장으로 발령받은 문형배 인사 올립니다. 먼저 조정위원 위촉을 수락해주신 데 대하여 감사드립니다.

제가 생각하는 조정위원의 지위와 역할은 다음과 같습니다.

첫째, 법원의 위대한 조력자라는 것입니다.

실질적 분쟁 해결에서 조정 화해로 처리되는 비율이 30퍼센트대에 이릅니다. 사건은 기하급수적으로 늘고 판사 수는 산술평균적으로 늘어나는 현실에서 조정 절차에 의한 사건 해결은 법원에게 큰 도움이 됩니다. 작년 한 해

퇴임교장 ○○○, ○○○ 조정위원님의 조정 성공 건수는 경이 그 자체였습니다.

이 자리에서 두 분께 특별한 경의를 표하고, 새로이 위촉되는 퇴임교장 출신 ○○○, ○○○ 위원님, 공인회계사 ○○○ 위원님께 기대하는 바가 크다는 점도 함께 말씀드립니다. 재위촉 조정위원들께서도 올해는 한 건 이상 조정 성공 사례를 만들어주시기 바랍니다.

둘째, 국민 사법 참여의 한 모델이라는 점입니다.

국민과 법원 간에 충분히 소통되고 있다고 볼 수 없습니다. 그런 점에서 학식과 덕망을 갖춘 조정위원들이 조정 절차에 참여함으로써 국민의 건전한 상식을 사법 절차에 반영하고 사법부의 참모습을 국민에게 알리는 계기가 된다고 생각합니다.

셋째, 훌륭한 자원 봉사자라는 점입니다.

에디슨은 말했습니다. "인간이 가지고 있는 유일한 것은 시간이다." 조정위원분들은 귀중한 시간과 적잖은 비용을 지출해가며 조정위원으로 활동하고 있습니다. 이러한 자원 봉사가 있기에 이 사회가 이나마 평화를 유지할 수 있다고 생각합니다. 거듭 감사드립니다.

조정 실무에 관하여 몇 가지 말씀드릴 게 있습니다.

첫째, 원고는 조정에 적극적이고 피고는 조정에 소극적인 경향이 있습니다. 피고가 조정에 관심을 갖도록 하는 것이 중요합니다.

둘째, 의사 결정 권한이 있는 사람을 조정 테이블로 불러내는 것이 매우 중요합니다.

셋째, 양 당사자의 마감 시간을 고려하여 마감 시간이 급한 측의 양보를 얻어내는 것도 필요합니다.

넷째, 소 제기 이전에 교섭 단계에서 오간 타협안을 활용하는 것도 좋은 방법이라고 생각합니다.

다섯째, 효과적인 집행 방안을 고려해야 합니다. 보통은 언제까지 얼마를 지급하고 이를 어기면 그다음 날부터 다 갚는 날까지 연 20퍼센트의 지연 손해금 지급을 지급하는 플러스 방식을 취합니다만, 피고의 자력이 의심스러울 때는 다음과 같은 마이너스 방식을 고려해보는 것도 중요합니다.

즉, "원고의 주장에 따라 피고는 원고에게 2천만 원 및 이에 대하여 2011년 5월 1일부터 다 갚는 날까지 연 20퍼센트의 비율로 계산한 돈을 지급한다. 만일 피고가 2011년 7월 31일까지 1,400만 원을 지급하면 원고는 피고의 나머지 채무를 면제한다."

오늘 이 자리가 좋은 인연을 맺는 자리가 되었으면 합니다.

## 진주지원장 이임사

2012. 2. 18.

**기억**

진주 관사에서 마지막으로 잡니다. 1년 동안 참 많은 일이 있었습니다. 1983년 진주를 떠난 이래 하동군에 있는 본가를 가장 자주 방문한 1년이었습니다.

한꺼번에 100여 명의 사람을 좋아해보기도 처음이었습니다. 새벽에 남강변을 뛰는 일도, 때로는 망진산에 올라 나무 이름을 외우던 일도 당분간은 못 할 것입니다.

1981년 가르침을 받은 이래 처음으로 김장하 선생께 식사를 대접했습니다. 7천 원짜리 매운탕이었지만, 세 번을 청하여, 진주지원을 떠나니 당분간 뵐 수 없다는 이유를 내세우고서야 이루어진 것이니 가벼운 일은 아니지요.

지리산고등학교를 비롯하여 많은 학교의 학생들을 만난 것은 의무의 이행이자 보람의 바탕이었습니다. 특히 지리산고등학교 입학 면접에서 눈여겨본 학생의 합격은 진주 생활의 선물이었습니다.

여러분이 이별을 아쉬워하며 건넨 선물도 아련한 추억으로 남을 것입니다.

**변명**

왜 이임식을 하지 않냐고, 왜 환송하러 나온 사람들에게 한마디하지 않았냐고 물을지 모르겠습니다.

작년 말 여직원회가 주최한 모임에 초대받아 가서 "빈농의 아들인 제가 판사가 되었듯이, 권○○ 대리의 자녀도 판사가 되고, 진○○ 대리의 자녀도 판사가 되는 그런 세상을 만들고 싶다"라는 말을 하다가 갑자기 눈물을 흘린 기억이 있어, 만에 하나 그러한 사태가 재연될까 봐 참았다고 하면 변명이 될는지요.

**소망**

지금은 헤어지지만 여러분이 법원에 들어올 때 품었던 그 뜻을 펼치시는 길에서 우리는 만날 것입니다.

## 부산고등법원 이임사

2014. 4. 4.

저는 어제 형사 판결을 선고했습니다. 피고인의 항소를 기각한다고 하였더니 방청객 몇 명이 울었습니다. 제가 하는 일이 남을 울리는 일이었구나 새삼 깨달았습니다. 이번 인사로 그 자리를 떠나게 되어 홀가분합니다.

저는 1992년부터 지금까지 22년간 지역 법관으로 근무했습니다. 지역 법관을 선택한 것은 지역 유지들과 친분을 쌓기 위함이 아니라 인사권자에게 얽매이지 않고 삶의 안정 속에서 즐겁게 일하기 위해서였습니다.

부산고등법원 관내에 문제가 생기면 지역 법관이 우선적으로 나서서 해결해야 한다고 생각해왔습니다. 그런 의미에서 창원 원외재판부의 결원으로 이루어진 이번 대법원 인사를 흔쾌하게 받아들이고 그에 따른 책임을 다하겠습니다.

물론 이번 인사가 가슴 설레고 그런 것은 아니지만 제가 법원을 얼마나 사랑하는지 알 수 있는 좋은 기회가 되리라 생각합니다. 부산에 있든 창원에 있든 언제나 힘이 되어주시는 여러분께 경의와 감사의 뜻을 표합니다.

# 부산가정법원장 취임사

2016. 2. 11.

　부산가정법원의 기초를 닦으시고 많은 업적을 남기고 떠나신 최인석 원장님께 경의를 표하면서 저의 취임사를 시작하겠습니다.

　평소 존경하는 천○○ 부장판사님, 민사부 문○○ 부장판사님, 가사1단독 김○○ 부장판사님, 가사2단독 김○○ 판사님, 가사3단독 이○○ 판사님, 가사5단독 류○○ 판사님, 가사6단독 이○○ 판사님, 가사7단독 정○○ 판사님, 가사8단독 김○○ 판사님, 가사9단독 박○○ 판사님, 소년2단독 오○○ 판사님, 그리고 제가 만난 법원 공무원 중 가장 유능한 이○○ 사무국장님, 김○○ 총무과장님, 하○○ 가사과장님, 김○○, 김○○, 김○○ 사무관님을 비롯한 가정법원 구성원 여러분, 오늘 저의 법원장 취임을 축하하기 위하여 한자리에 모인 만큼 한말씀 드리겠습니다.

가정법원의 목적이 무엇일까요? 혼인과 가정생활은 개인의 존엄과 양성의 평등을 기초로 성립되고 유지되어야 하며 국가는 이를 보장한다는 대한민국 헌법 제36조 제1항, 국가는 모성의 보호를 위하여 노력해야 한다는 헌법 제36조 제2항은 논의의 출발점입니다.

그럼 왜 이러한 문제를 푸는 데 일반 법원으로는 안 될까요? 일반 법원은 이성의 지배를 받는 공간입니다. 일반 법원에서는 사람이 법 위에 있느냐 법 아래 있느냐는 문제로 사고하는 데 익숙합니다. 그러나 사람은 법 위도 아닌, 법 아래도 아닌, 법 안에 있어야 합니다.

사건이 접수되어야 관여를 할 수 있는 일반 법원과 달리 사건이 접수되기 전에 사건 발생을 예방하고 후견적 기능을 본연의 사명으로 하는 특별한 법원이 필요합니다. 이성과 감성이 조화를 이룬 법원이 필요합니다. 이것이 바로 가정법원입니다.

이런 의미에서 부산가정법원이 선도적으로 운영하고 있는 청소년회복센터는 새로운 교정 시설이 아니라 가정법원의 목적에 부합하는 창의적 시설이므로, 그 지원을 위한 청소년복지지원법이 19대 국회가 해산하기 이전에 개정되어야 한다고 생각합니다. 현명하신 국회의원님들께 정중하게 조속한 법안소위, 법사위, 본회의 통과를 건의드립니다.

제가 부산가정법원을 맡으면서 가장 먼저 떠오른 단어는 '사람'입니다. "어떠한 사람도 수단이나 목적이 될 수 없다. 바로 거기에 인간적 존엄성이 존재한다"라는 칸트의 말은 부산가정법원을 운영하는 저의 좌우명입니다. 우리가 만나는 상대방은 사건 당사자나 민원인이기 이전에 존엄한 인간이라는 점이 우리의 신념이 되어야 합니다.

저 역시 여러분을 존엄한 인간으로 대우하겠습니다. 일과 가정이 양립될 수 있도록 지원하겠습니다. 가사합의부에 배석 판사인 김○○ 판사님이 임신한 것으로 알고 있습니다. 김 판사님이 겸임하고 있는 가사8단독 업무는 제가 맡는 방안을 검토하겠습니다.

새로운 사업을 펼치기 전에 폐지해야 할 일은 없는지를 먼저 검토하겠습니다. 업무의 증가가 예상될 경우 감소해야 할 일은 없는지 검토하겠습니다. 추상적 선을 실현하려 하지 말고 구체적 악을 제거하라는 칼 포퍼의 경구는 부산가정법원을 운영하는 데도 적용될 것입니다.

부산가정법원 구성원 여러분!

부산가정법원은 천○○의 법원이고 이○○의 법원인 동시에 여러분의 법원입니다. 우리 다 함께 작지만 인간적인 법원을 만들어봅시다.

# 부산여성변호사대회
# 기조 강연

**2016. 11. 28.**

(2016년 11월 25일 부산여성변호사대회에서 아래와 같이 기조 강연을 하였습니다. 원고는 미리 작성하였으나 당일 원고 없이 하는 바람에 한 문단을 빠트렸습니다. 그렇지만 말의 글에 대한 우위를 믿는 저는 후회하지 않습니다.)

평소 존경하는 조용한 부산지방변호사회 회장님, 여성특별위원회 위원장 김외숙 변호사님, 그리고 여성 변호사님 여러분!

세상의 절반은 여성입니다. 그러나 여성은 세상의 절반을 차지하지 못하고 있습니다. 그렇게 된 데는 남성의 책임도 상당하고 저의 책임 역시 적지 않습니다. 그래서 오늘 여성변호사대회에 참석하면 저의 책임을 조금이나마 덜 수 있지 않을까 하는 생각에 이 자리에 섰습니다.

저는 올해 부산가정법원장에 취임하면서 일과 가정의 양립을 지원하겠다고 밝혔습니다. 그 정책을 실효성 있게 밀고 갈 수 있도록 기획법관 겸 공보관을 아이 셋을 키우는 이○○ 판사로 정하였습니다. 주위의 우려가 있었습니다만, 저는 여성의 힘을 믿었기 때문에 밀어붙였습니다. 현재 이○○ 판사에 대한 주위 평가를 들어보면 다들 잘했다고 합니다.

또한 임신한 김○○ 판사가 편하게 출산할 수 있도록 산전 휴가를 권유하였고, 그 판사님의 업무 중 일부를 제가 맡았습니다. 2011년 진주지원장으로 근무할 때도 임신한 법관 및 직원은 당직 업무에서 면제하는 내규를 만든 바 있습니다. 헌법 제36조 제2항에 "국가는 모성의 보호를 위하여 노력하여야 한다"라고 규정되어 있기 때문입니다.

부산가정법원은 시차 출퇴근제를 시행하고 있습니다. 열 명 내외의 직원이 이를 이용하고 있습니다. 10시부터 4시까지는 반드시 근무하여야 하고 나머지 시간은 출퇴근 시간을 자유롭게 선택할 수 있는 제도입니다.

아직 우리나라는 양성평등의 가치가 완전하게 실현되었다고 볼 수는 없을 것입니다.

그 원인 중 첫 번째를 저는 여성이 정치권에 적게 진출하였기 때문이라고 봅니다. IPU(국제의원연맹) 여성 국회의원 비율 국제 순위가 계속 하락하고 있다는 점이 이를 뒷받침합니다. 2012년 87위, 2013년 88위, 2014년 90위, 2015년 88위, 2016년 106위를 기록했습니다.

정치란 가치의 권위적 분배인데 여성이 정치권에 적게 진출함에 따라 양성평등의 가치는 덜 중요하게 취급되고 있다고 생각합니다. 여성의 정치권 진출을 장려할 수 있도록 제도적 배려가 이루어져야 할 것입니다.

양성불평등의 두 번째 원인을 저는 육아를 여성이 주로 부담하는 사정에 있다고 봅니다. 육아에 대한 사회적 책임이 강조되어야 한다고 생각합니다.

부산법원 어린이집을 둘러보니 직원들의 반응이 매우 좋습니다. 이와 같은 공공 보육 시설이 널리 확충되기를 바랍니다. 육아가 '여성 친화적인 일이다'라고 말할 게 아니라 육아 책임을 이 사회가 떠안을 수 있는 방안을 찾아야 한다고 봅니다.

양성불평등의 세 번째 원인을 능력 있는 여성의 상위직 진출을 가로막고 있는 유리천장 때문이라고 생각합니다. 유리천장은 기업에도 있고 정부에도 있습니다. 편견만 없다면, 불공정한 관행만 없다면, 여성이 남성에게 뒤질 아무런 이유가 없습니다. 여러분이 유리천장을 깨트리는 데 저도 협력하겠습니다.

저는 이러한 문제를 해결하는 데 여성 변호사 여러분이 맨 앞에 서야 한다고 생각합니다. 기본적 인권을 옹호하고 사회 정의를 실현함을 사명으로 하는 변호사야말로 양성평등권이라는 기본권을 실현하는 데 가장 적합하기 때문입니다. 여성이야말로 양성평등의 과제를 가장 효과적으로 이룰 수 있기 때문입니다.

그러나 저는 이 자리에서 여러분은 여성이기 이전에 인간이라는 점을 환기하고자 합니다. 민주주의는 자유 확대의 역사입니다. 1893년 뉴질랜드에서 처음으로 전국적인 차원에서 여성에게 투표권을 주었습니다. 제헌헌법에서 여성에게 투표권을 부여한 우리나라에서 여러분은 민주주의를 확대시켜야 할 역사적 책임이 있다고 생각합니다.

여성이 살기 편한 세상은 남성도 살기 편합니다. 여성이 자유로운 세상은 남성도 자유롭습니다. 여성은 인권의 척도입니다. 여러분이 인권을 확대하는 데 앞장서주시면 고맙겠습니다.

종중宗中 구성원 자격을 성년 남자만으로 제한하는 종

래의 관습법이 무효라는 대법원 2005년 7월 21일 선고 2002다1178 전원 합의체 판결, 호주제가 헌법에 위반된다는 헌법재판소 2005년 2월 3일 선고 2001헌가9 전원 재판부 결정은 여러분의 선배들이 이룬 성취이고, 여러분은 그 성취를 딛고 여기까지 왔으므로, 여러분에게는 후배를 위하여 또 다른 디딤돌을 놓을 책임이 있습니다.

법 교육에도 앞장서주시기 바랍니다. 착한 사람은 법을 모르고 법을 아는 사람은 착하지 않다는 말도 있습니다. 이를 해결하는 방법은 착한 사람에게 법을 가르치거나 법을 아는 사람을 착하게 만들어야 합니다. 저는 전자가 후자보다 빠르다고 생각합니다.

우스갯소리를 하나 하겠습니다. 중학교 국어 선생님이 문제를 냈습니다. 어머니와 아내가 물에 빠졌다면 누구를 구하겠는가? 쉰아홉 명이 어머니라고 대답했고 한 명이 아내라고 대답했습니다. 어머니는 내가 선택하지 않았지만 아내는 내가 선택했으므로 책임을 져야 한다는 이유입니다. 저는 그날 선생님께 야단을 많이 들었습니다.

결혼 후에 그 이야기를 아내에게 했더니 아내가 말했습니다. 어머니를 구하라고. 아내는 수영을 잘한다고 했습니다. 그렇습니다. 사실 저는 수영을 하지 못하기 때문에 누구도 구할 수 없습니다. 고부간의 갈등은 누가 더 피해를 볼 것인지의 문제로 풀면 안 됩니다. 서로를 존중하고 힘을 합쳐 문제를 풀어가려는 자세, 이것이 고부간의 갈등을 해소할 수 있는 방법이라고 생각합니다.

여러분이 관심을 가져야 할 가정법원의 법적 쟁점은 다음과 같은 것이 있습니다.

유류분 반환 청구입니다. 과거에는 재산을 장남이나 아들에게만 물려주는 관행이 있었습니다. 이는 민법에 어긋나죠. 유류분 반환 청구를 함으로써 증여 단계에서 양성평등이 이루어지도록 강제하는 효과가 있을 것입니다. 유류분 계산이 좀 복잡한데요. 박동섭 변호사의 책에 설명이 잘되어 있습니다.

양육비 직접 지급 명령 제도입니다. 가사소송법 제63조의2에 규정되어 있는데 정기금 양육비 채무자가 정당한 사유 없이 2회 이상 양육비를 지급하지 아니하는 경우 장래의 양육비 채권을 집행 채권으로 하여 양육비 채무자의 장래의 정기적 급여 채권에 대하여 강제 집행을 할 수 있는 제도입니다.

그 외 이행 확보를 위하여 가사소송법 제62조에 사전처분 제도가 규정되어 있고 가사소송법 제64조에 이행 명령이 규정되어 있습니다. 민법 제1008조의2에 규정된 기여분 결정 제도도 피상속인을 특별히 부양하거나 피상속인 재산 유지 또는 증가에 기여한 자가 있을 때 이용할 수 있습니다.

부부 일방이 이혼 당시 아직 퇴직하지 아니한 채 직장에 근무하고 있는 경우, 퇴직 급여 채권이 재산 분할의 대상에 포함된다는 대법원 2014년 7월 16일 선고 2013므2250 전원 합의체 판결에도 유의할 필요가 있습니다. 공무원 연금과 국민 연금도 일정한 경우 이혼한 배우자에게 분할된다는 법률의 개정이 있었습니다.

이를 실무에서 어떻게 확보할지 검토가 필요합니다. 김옥곤 부장판사가 부산판례연구회에서 발표한 논문이 내년 2월에 책으로 출간되니 참고하시기 바랍니다.

준비 서면은 효과적으로 써주었으면 합니다. 간단하게 작성하면 좋고요. 길 때는 소제목을 달아주시면 좋겠습니다. 사실 관계 주장을 할 때는 증거가 무엇인지 간략하게 연결해놓는 것도 중요합니다. 법리를 주장할 때는 관련 판례가 있을 경우 특정을 해주시면 더 좋겠습니다.

끝으로, 보부아르는 《제2의 성》에서 "여성은 태어나는 것이 아니라 만들어지는 것이다"라고 하였습니다. 여러분의 성은 여러분이 만들기를 바랍니다. 다만, 여러분이 만드는 성은, 대법관을 여성으로 다 채우는 일을 허용하지 않기를, 당직이 남성 친화적이라는 이유로 남성에게 다 맡기는 일을 허용하지 않기를 소망합니다.

## 헌법재판관 후보자 인사 말씀

2019. 4. 9.

존경하는 국회 법제사법위원회 여상규 위원장님, 그리고 위원님 여러분!

먼저 바쁘신 일정 가운데에도 저에 대한 청문회를 준비해주시고, 민의의 전당인 국회에서 제가 헌법재판관 후보자로서 인사 말씀을 드릴 수 있도록 해주신 것에 대해 깊이 감사드립니다.

여러 가지로 부족한 제가 이 자리에 서고 보니 많이 떨리고 긴장이 됩니다만, 국민을 대표하는 여러 위원님들 앞에서 헌법재판관 후보자의 자질과 능력을 검증받는 엄중한 자리인 만큼 정직하고 성실한 자세로 청문회에 임할 것을 약속드립니다.

아울러 이번 청문회를 준비하면서 헌법재판관으로서 저의 역할과 자세에 대하여 고민하고 다짐한 바를 말씀드리는 것으로 저의 인사 말씀을 대신하고자 합니다.

저는 1965년 경남 하동군에서 가난한 농부의 3남 1녀 중 장남으로 태어났습니다. 비록 낡은 교복과 교과서일지언정 물려줄 수 있는 친척이 있어 중학교를 졸업할 수 있었고, 고등학교 2학년부터는 독지가인 김장하 선생을 만나 대학교를 마칠 때까지 장학금을 받을 수 있었습니다. 그 덕분에 저는 무사히 학업을 마칠 수 있었고 사법 시험에 합격하게 되었습니다.

김장하 선생은 한약업사로서 번 돈으로 명신고등학교를 건립하여 경상남도에 기증하였고, 수백 명의 학생에게 장학금을 지급하였으며, 형평운동기념사업회, 진주 오광대 복원 사업, 경상대학교 남명관 건립 등 좋은 일을 많이 하였습니다.

김장하 선생은 제게 자유에 기초하여 부를 쌓고, 평등을 추구하여 불합리한 차별을 없애며, 박애로 공동체를 튼튼히 연결하는 것이 가능한 곳이 대한민국이라는 것을 몸소 깨우쳐주셨습니다.

사법 시험에 합격하여 감사의 인사를 드리러 간 자리에

서 "내게 고마워할 필요는 없다. 나는 이 사회의 것을 너에게 주었으니 갚으려거든 내가 아니라 이 사회에 갚아라" 하신 선생의 말씀을 저는 한시도 잊은 적이 없습니다.

법관의 길을 걸어온 지난 27년 동안 저는 한결같은 마음으로 대한민국 헌법의 숭고한 의지가 우리 사회에서 올바로 관철되는 길을 찾는 데에 전력을 다하였습니다. 그것만이 선생의 가르침대로 제가 우리 사회에 진 빚을 조금이나마 갚을 수 있는 길이라 여기면서 살아왔습니다.

제가 헌법재판관에 임명되더라도 지금까지 간직해온 저의 초심은 언제나 변하지 않을 것입니다.

존경하는 위원장님, 위원님 여러분!

저는 지금까지 55년을 살아오는 동안 대학과 사법연수원에서 보낸 6년의 시간을 제외하고는 내내 지방에서 살아왔습니다. 판사 생활도 모두 부산·경남 지역에서 하였습니다. 지방에서 살아보니 우리나라의 자원이 수도권에 집중되어 있고, 중앙집권화로 인하여 지방에 거주하는 국민의 뜻은 충분히 반영되지 않고 있다는 것을 절감하는 때가 많았습니다.

자원이 부족한 나라에서 불균형 성장 전략을 택한 불가피한 결과라고 여길 수도 있겠지만, 1인당 국민소득 3만 달러를 달성한 2019년의 대한민국에서 지역 불균형 해소는 시급하고도 중대한 문제라고 생각합니다.

대한민국 헌법은 전문에서 국민 생활의 균등한 향상을 기할 것을 선언하고 있고, 이를 실현하기 위하여 제8장에서 지방자치를 규정하고 있으며, 제9장에서 국가에게 지역 간의 균형 있는 발전을 위한 지역 경제 육성 의무를 부과하고 있습니다.

이와 같은 헌법의 의지가 법전의 장식이 아니라 현실의 힘이 되기 위해서는 중앙에 집중된 권한을 대폭 지방에 넘기는 분권이 이루어져야 하고 그 과정에서 국민의 참여가 보장되어야 합니다.

제가 만일 인사 청문회를 거쳐 헌법재판관에 임명된다면, 생의 대부분을 지방에서 살아온 저의 경험을 바탕으로 우리 헌법에서 선언한 지방 분권의 가치가 최대한 실현될 수 있도록 함으로써 균형 있는 국민 경제의 성장과 안정을 이루는 데에 최선의 노력을 다하겠습니다.

위원장님, 위원님 여러분!

청문회를 준비하는 과정에서 저에 대하여 정치적으로 편향되었다는 우려가 있다는 것을 잘 알게 되었습니다. 우선 진위 여부를 떠나 그와 같은 우려를 낳은 것 자체가 저의 불찰이므로, 반구저기反求諸己의 자세로 제 자신을 돌아보고, 앞으로 언행에 더욱 각별히 주의하겠습니다.

다만, 저는 스스로 나태와 독선에 빠지는 것을 경계하기 위하여 부산판례연구회나 우리법연구회 등의 학술 단체에 가입하였을 뿐, 결코 정치적 이념을 추구하여 단체에 가입한 적은 없다는 점을 말씀드립니다.

세미나에 참석하여 다양한 의견을 두루 경청하고 제 생각을 돌아보는 기회를 갖게 됨으로써 제 판단에 더 깊이 있는 근거를 제시할 수 있었고 균형 잡힌 시각을 갖출 수 있었다고 생각합니다.

또한, 저는 법관으로 재직한 기간 동안 "헌법과 법률에 의하여 그 양심에 따라 독립하여 심판하였다"고 감히 자부합니다. 오로지 증거에 의하여 사실을 인정하고 헌법과 법률이 정한 바에 따라 법리를 도출하여 당해 사건에 적용하였을 뿐, 그 외의 어느 것도 고려하지 않았습니다.

지금까지와 마찬가지로 앞으로도 임명권자를 포함한 사회의 모든 세력으로부터 독립된 상태에서 공정한 재판을 하는 데에 저의 모든 것을 바칠 각오가 되어 있다는 점은 이 자리를 빌려 명확히 말씀드리고 싶습니다.

존경하는 위원장님과 위원님!

헌법이 대한민국의 '집'이라면 헌법재판관은 그 집의 '문지기'와도 같습니다. 제가 국회 인사 청문회를 거쳐 헌법재판관에 임명된다면, 동료 재판관들의 깊이 있는 견해에 귀를 기울이고 열린 마음과 겸손한 자세로 토론하겠습니다. 외부의 다양한 시각에도 열린 자세로 대하겠습니다.

부단한 소통과 성찰의 과정을 통해 제 견해에 어떠한 편견이나 독선이 자리잡을 수 없도록 늘 경계하고 정진하겠습니다. 그리하여 헌법재판소의 결정이 '사실성'과 '타당성'을 갖추도록 함으로써 "우리들과 우리들의 자손의 안전과 자유와 행복을 영원히 확보"하는 데에 작은 보탬이라도 되도록 정성을 다하겠습니다.

오늘의 청문회는 국민을 대표하는 위원님들로부터 헌법재판관 후보자의 자질을 검증받고, 앞서 말씀드린 저의 각오를 더욱 굳건히 하는 자리입니다. 이번 청문회가 헛되지 않도록 위원님들의 질의에 정성껏 답변드리고, 조언과 충고를 가슴 깊이 새기겠습니다.

마지막으로, 저에 대한 청문회를 위하여 귀중한 시간을 내어주신 여상규 위원장님과 위원님들께 다시 한번 깊은 감사의 말씀을 드립니다.

# 헌법재판소 재판관 취임사  2019. 4. 19.

평소 존경하는 유남석 헌법재판소 소장님, 이선애 재판관님, 이석태 재판관님, 이은애 재판관님, 이종석 재판관님, 이영진 재판관님, 김기영 재판관님, 이미선 재판관님, 그리고 헌법재판소 구성원 여러분!

여러 가지로 부족한 제가 헌법재판소 재판관 취임식을 하려고 하니 걱정이 앞섭니다. "동료 재판관들의 깊이 있는 견해에 귀를 기울이고 열린 마음과 겸손한 자세로 토론하겠습니다. 외부의 다양한 시각에도 열린 자세로 대하겠습니다. 부단한 소통과 성찰의 과정을 통해 제 견해에 어떠한 편견이나 독선이 자리잡을 수 없도록 늘 경계하고 정진하겠습니다"라고 인사 청문회에서 한 다짐을 떠올려

봅니다.

"유구한 역사와 전통에 빛나는 우리 대한국민은 3·1운동으로 건립된 대한민국 임시정부의 법통과 불의에 항거한 4·19 민주 이념을 계승하고, 조국의 민주 개혁과 평화적 통일의 사명에 입각하여 정의·인도와 동포애로써 민족의 단결을 공고히 하고, 모든 사회적 폐습과 불의를 타파하며, 자율과 조화를 바탕으로 자유민주적 기본 질서를 더욱 확고히 하여 정치·경제·사회·문화의 모든 영역에 있어서 각인의 기회를 균등히 하고, 능력을 최고도로 발휘하게 하며, 자유와 권리에 따른 책임과 의무를 완수하게 하여, 안으로는 국민 생활의 균등한 향상을 기하고 밖으로는 항구적인 세계 평화와 인류 공영에 이바지함으로써 우리들과 우리들의 자손의 안전과 자유와 행복을 영원히 확보할 것을 다짐하면서" 저의 취임사를 시작하겠습니다.

"모든 국민은 인간으로서의 존엄과 가치를 가지며, 행복을 추구할 권리를 가진다. 국가는 개인이 가지는 불가침의 기본적 인권을 확인하고 이를 보장할 의무를 진다."

끝으로 고등학교 시절 은사님인 심성재 전 대아고 교장 선생님, 초임 판사 시절 재판장이셨고 지난 달에 고인이 되신 이주흥 전 서울중앙지방법원장님, 창원지방법원 부장판사 시절 헌법재판소 재판관의 길을 여신 김종대 전 재판관님을 비롯하여, 보이는 곳이거나 보이지 않는 곳에서 저를 성원해주신 모든 분들께 감사하다는 말씀 올립니다. 감사합니다.

# 헌법재판소 재판관 퇴임사

2025. 4. 18.

저는 오늘 6년의 재판관 임기를 마칩니다. 여정을 같이 한 여덟 분의 재판관님들께 경의를 표합니다. 수석부장연구관을 비롯한 연구부 구성원 여러분, 기조실장을 비롯한 사무처 구성원 여러분의 헌신 덕분에 대과 없이 마칠 수 있었습니다. 감사합니다. 연하 선생을 비롯한 파워테니스 동호회 여러분, 심 총무를 비롯한 뚜동회 동호회 여러분에게도 특별한 감사를 드립니다.

이렇게 모였으니 한말씀만 드리겠습니다. 헌법재판소가 헌법이 부여한 사명을 다하기 위하여 사실성과 타당성을 갖춘 결정을 해야 한다고 생각합니다. 이를 위해서는 다음 세 가지가 보충되어야 한다고 생각합니다.

첫째, 재판관 구성이 다양화해야 합니다.

집단 사고의 함정에 빠지지 않기 위해서도, 다양한 관점에서 쟁점을 검토하기 위해서도, 재판관 구성의 다양화가 필요합니다. 이를 위해서 헌법 실무 경험이 많은 헌법 연구관이나 교수에게 헌법재판관이 되는 길을 터주어야 한다고 생각합니다.

둘째, 더 깊은 대화가 필요합니다.

재판관과 재판관 사이에서, 재판부와 연구부 사이에서, 현재의 재판관과 과거의 재판관 사이에서 더 깊은 대화가 필요합니다. 대화는 타인의 의견을 경청하는 과정과 경청 후 자신의 의견을 수정하는 성찰의 과정이 포함됩니다.

셋째, 결정에 대한 존중이 필요합니다.

헌법재판소의 결정에 대한 학술적 비판은 당연히 허용되어야겠지만 대인논증 같은 비난은 지양되어야 합니다. 흔히 대통령 중심제 국가에서는 대통령과 국회 사이에 갈등이 고조되고 대화와 타협을 통한 정치적 해결이 무산됨으로써 교착 상태가 생길 경우, 이를 해소할 수 있는 장치가 없다고들 합니다.

그러나 대한민국 헌법의 설계에 따르면, 헌법재판소가 권한 쟁의 같은 절차에서 사실성과 타당성을 갖춘 결정을 하고 헌법 기관이 이를 존중함으로써 교착 상태를 해소할 수 있는 길이 열려 있습니다. 견제와 균형에 바탕한 헌법의 길은 헌법재판소 결정에 대한 존중으로 더욱 굳건해질 것입니다.

요컨대 재판관 구성의 다양화, 더 깊은 대화, 결정에 대한 존중이 이루어질 때 헌법재판소는 사회 통합의 헌법상 책무를 다할 수 있습니다.

끝으로 아내를 비롯한 가족, 고등학교 동문, 김횐주 선생을 비롯하여 보이는 곳에서 또는 보이지 않는 곳에서 성원해주신 모든 분들께 감사드립니다. 시민의 한 사람으로 돌아가서 제 나름의 방식으로 헌법재판소를 응원하겠습니다.

### 감사의 말

　예상하지 못한 반응이었습니다. 퇴임 후 며칠간 제주도에 머물렀는데 가는 곳마다 저를 알아보고 인사를 건네는 시민들을 보며 얼떨떨했지만 퇴임한 지 얼마 지나지 않았고 제주도라서 그런가 보다 생각했습니다.

　그러나 그 후 강연을 하려고 방문한 대전, 대구, 춘천, 순천, 창원, 울산, 통영, 서울에서 만난 시민들의 반응은 더 뜨거웠습니다. 악수를 청하고, 사진을 찍자고 하고, 사인을 해달라고 요청했습니다.

　지금 살고 있는 부산 시민들의 반응도 예상을 뛰어넘었습니다. 시내버스 기사님이 "이 버스에 문형배 재판관이 타고 있습니다. 박수 한번 칩시다"라고 말했을 때는 승객

들보다는 제가 더 난감했습니다. 이 기회에 그날 박수를 요청받았던 승객들께 미안하다는 말씀을 드립니다.

제가 운영하는 블로그는 2024년까지 17년간 60만 명의 누적 방문객을 기록하였으나 최근 7개월간 방문객 폭증으로 2025년 7월 현재 누적 방문객 240만 명을 기록하고 있습니다.

여러 언론사로부터 인터뷰 요청을 받았습니다. 여러 기관과 단체로부터 강연 요청을 받았습니다. 일정을 소화할 수 없었고 자제도 필요하다고 생각하여 대부분 거절하였고, 어쩔 수 없는 경우에만 강연과 인터뷰를 하였지만, 소셜미디어는 저의 강연과 인터뷰를 끊임없이 퍼 날랐습니다. 이 기회에 인터뷰와 강연 요청을 거절당한 언론사, 기관, 단체에 미안하다는 말씀을 다시 한번 드립니다.

이 책이 처음이자 마지막일 수 있으므로 다소 장황한 인사를 남기겠습니다. 저를 낳고 길러주신 아버지께 감사드립니다. 저 때문에 제때 공부할 기회를 놓친 동생들에게 미안하다는 말을 남깁니다. 장인과 처가 가족들께도 고맙다는 인사를 남깁니다. 사랑하는 아내와 아들에게 고맙고 미안하다는 인사를 공식적으로 남깁니다.

마지막으로, 보이는 곳에서, 보이지 않는 곳에서 저를 성원해주신 모든 분들께 감사하다는 인사를 올립니다. 감사합니다.

호의에 대하여